古典文獻研究輯刊

十六編

潘美月・杜潔祥 主編

第 6 冊

黃以周《禮書通故》研究（上）

謝淑熙 著

國家圖書館出版品預行編目資料

黃以周《禮書通故》研究（上）／謝淑熙　著 ── 初版 ── 新北市：
花木蘭文化出版社，2013〔民 102〕
目 4+156 面；19×26 公分
（古典文獻研究輯刊 十六編；第 6 冊）
ISBN：978-986-322-157-9（精裝）
1. 禮書通故　2. 研究考訂
011.08　　　　　　　　　　　　　　　　　102002352

ISBN-978-986-322-157-9

9 789863 221579

古典文獻研究輯刊
十六編　第 六 冊　　　　　　ISBN：978-986-322-157-9

黃以周《禮書通故》研究（上）

作　　者　謝淑熙
主　　編　潘美月　杜潔祥
總 編 輯　杜潔祥
企劃出版　北京大學文化資源研究中心
出　　版　花木蘭文化出版社
發 行 所　花木蘭文化出版社
發 行 人　高小娟
聯絡地址　235 新北市中和區中安街七二號十三樓
　　　　　電話：02-2923-1455／傳眞：02-2923-1452
網　　址　http://www.huamulan.tw 信箱 sut81518@gmail.com
印　　刷　普羅文化出版廣告事業
初　　版　2013 年 3 月
定　　價　十六編 30 冊（精裝）新台幣 50,000 元
　　　　　　　　　　　　　　　　　　　版權所有・請勿翻印

黃以周《禮書通故》研究（上）

謝淑熙　著

作者簡介

謝淑熙，國立臺灣師範大學國文研究所教學碩士，市立臺北教育大學中國語文學系博士。曾任國立中壢家商國文科專任教師兼圖書館主任，1994 年度獲教育部中學人文及社會學科教學優良獎、桃園縣 Super 教師薪傳獎。現為市立臺北教育大學中國語文學系兼任助理教授、私立萬能科技大學通識中心兼任助理教、私立新生醫專通識中心兼任助理教授。研究領域為三禮學、清代經學。著有《道貫古今——孔子禮樂觀所蘊含之教育思想》《過盡千帆——向文學園地漫溯》、《不畏浮雲遮望眼——回首教改來時路》等書，〈孔子禮樂思想的時代意義〉、〈《禮記・曲禮》中的人文關懷〉、〈閱讀教學與人文素養——以《論語》為例〉、〈伊藤長胤〈聖語述〉析論〉、〈鄭玄《禮記注》中《易》學思想探賾〉、〈王文錦《禮書通故》點校本析論〉等論文。

提　　要

　　黃以周（1828～1899）身處晚清，世居浙江定海，其說秉持家學與古文經學家法，力主「古禮可行」、「聖學必有所承」，其巨著《禮書通故》辨彰前代禮說之失，考釋中國古代禮制、學制、職官、田賦、樂律、刑法、名物等，糾正舊注不少謬誤，具有崇高的學術價值。

　　本論文總共分九章進行論述：第一章緒論，說明研究動機與目的、相關文獻的探討、研究方法與步驟的說明。第二章晚清學術風氣與禮學之探討，說明晚清學術風氣之轉變與晚清學者對漢代經學之反思。第三章黃以周生平及其著作。第四章黃以周禮學思想探究，說明黃以周禮學思想背景、黃以周禮學思想之路徑。第五章《禮書通故》成書與傳承考述，說明《禮書通故》名義溯源、纂修經過、撰作動機與學術傳承。第六章以「援引古籍，不注出處」、「摘引諸說，不標姓名」、「引證經籍，改易內容」、「駁斥舊說，勘正訛誤」、「闡述禮義，文字互見」，說明《禮書通故》著作體例；以「訓詁文義，實事求是」、「深究群經，會通眾說」、「引述典籍，辨彰真偽」、「詳考禮制，審核精確」、「名物制度，圖文相輔」，說明《禮書通故》詮釋方法。第七章《禮書通故》禮學延伸研究，說明《通典》、《五禮通考》與《禮書通故》三者關係，《通典》、《五禮通考》與《禮書通故》之比較分析，《禮書通故》與《通典》、《五禮通考》相關議題研究。第八章《禮書通故》之學術價值，包括闡揚古禮古制、訓詁經義文字、會通易禮學說、傳承晚清禮學。第九章結論，說明研究《禮書通故》之反思與未來之發展。最後，附上〈王文錦《禮書通故》點校本評介〉一文，以深化對《禮書通故》一書之認識，以開啟學術研究之新視野。

致 謝 詞

　　拙作能夠如期完稿，應該感謝的人實在太多。有幸進入博士班就讀，能夠親炙業師林慶彰教授與賴貴三教授之鼎力提攜與諄諄教誨，引領學生開啟中國學術的堂奧，並以宏觀視野來鑽研苞蘊宏富的經學思想，使自己能夠積學以儲寶。在博士論文的創作上，從建構題目、爬梳資料、字斟句酌，由片言隻字，到順利完稿，感恩感謝業師之殷切指導與鼓勵，為我指點迷津，使我能研閱以窮照，減少迂迴摸索之困境，令我銘感五中。本論文若有可觀之處，恩師實居功甚偉；若有闕漏之處，定黽勉自我，再接再厲，使相關之研究能更臻完善。

　　又幸承蒙古國順教授、莊雅州教授、蔣秋華教授之匡謬指導，為我釋疑解惑，使我受益良多，浩瀚師恩，永銘心版。感謝長庚大學商瑈教授，慨贈寶貴資料；中研院文哲所玫燕學妹、歷史所綵瑩學妹協助蒐集寫作資料，師大國文研究所憶祺學妹與令宜學妹的鼓勵，博士班威侃同學、秀珠學妹、圻清學弟、建綸學弟的切磋，因為有您們的熱心參與，使拙作能夠順利完成，並深致感懷。

　　其次應該感恩的是父母之栽培與呵護，使我能茁壯成長；感謝外子的包容與分擔，使我在身兼母職、教職外，能夠成就圓夢，在創作學術論文上，助我蒐集相關資料及繕打文稿。在個人生命長河中，提攜我、教誨我、鼓勵我、指引我之良師益友細數不盡，儼然是我生命中之貴人，銘感在心，謹致上誠摯的謝忱與敬意。

目

次

第一章 緒 論

　　中國禮學之發展，溯其源流，可分四個階段：先秦、兩漢、魏晉南北朝、隋唐、宋元明清。從「三禮」之撰述，兩漢鄭玄（127～200）博綜兼採，遍注群經，最重禮學，又特別尊崇《周禮》，唐代孔穎達（574～648）云：「《禮》是鄭學。」〔註1〕從魏晉到隋唐，禮學在吉、嘉、軍、賓、凶等「五禮」之框架中發展、成熟。宋人治經，重在闡發「義理」，並排斥漢、唐舊說，此種思想反映在「三禮」學中。皮錫瑞（1850～1908）在《經學歷史》一書中提出：「論經學，宋以後爲積衰時代。」〔註2〕禮學在經過元、明二代之凋敝之後，於清初開始復興，並於乾、嘉之際趨於昌盛。有清一代注重實學，禮學之名家、名著層出不窮。

　　清儒黃以周（1828～1899）是黃式三（1788～1862）之子，幼承父教，以「傳經明道」爲己任。黃式三在〈崇禮說〉云：「君子崇禮以凝道者也，知禮之爲德性也，而尊之；知禮之宜問學也，而道之。」〔註3〕說明禮學之重要。據《清史稿》記載：

> 以周篤守家學，以爲三代下之經學，漢鄭君、宋朱子爲最。而漢學、宋學之流弊，乖離聖經，尚不合鄭、朱，何論孔、孟？有清講學之風，倡自顧亭林，顧氏嘗云「經學即是理學」，乃體顧氏之訓，上追孔、孟之遺言。〔註4〕

〔註1〕 「禮是鄭學」一說，可溯自孔穎達《禮記正義》，見於〈月令〉、〈明堂位〉、〈雜記〉等處之疏。指經學中的東漢鄭玄學派。參見陳澧《東塾讀書記》，頁227。

〔註2〕 〔清〕皮錫瑞撰、周予同注：〈經學積衰時代〉，《經學歷史》，頁300。

〔註3〕 〔清〕黃式三：《儆居集》（清道光戊申（廿三年）刊本），經說一，頁18。

〔註4〕 趙爾巽：〈儒林傳三〉，《清史稿》（北京：中華書局，1977年），卷281，頁13297

由此可見，黃以周篤守家學，並遠承顧炎武（1613～1682）「經學即是理學」之學說，在禮學上尤有發明。中國傳統之禮學發展到清代，在經學家努力調和重視訓詁考據之漢學與重視心性義理之宋學，使得晚清禮學朝著融和漢、宋之面向發展。黃以周以客觀之態度，兼采漢、宋之方法，講求經世致用之目標，來撰述《禮書通故》。

《禮書通故》一百卷，是黃以周的代表作，全書四十九目，共一百餘萬字，對中國古代的禮制、學制、封國、職官、田賦等問題，條分縷析，詳加考稽，總結兩千年來的禮學研究成果，這部著作的重要意義不言而喻，其為定海黃氏贏得不朽的學術地位。因此，筆者擬探討《禮書通故》一書。

本研究主要在整理分析黃以周《禮書通故》與唐代杜佑《通典》、清代秦蕙田《五禮通考》之內容性質，以了解三書之同異，同時探討黃以周《禮書通故》創作緣由及考辨三禮是非、詮釋古禮之特色，對中國學術發展史之影響與貢獻。筆者經由文本的整理與分析，梳清各章節脈絡關係，呈一完整之成果。

第一節　研究動機與目的

《四庫全書總目提要・經部・總敘》云：

> 經稟聖裁，垂型萬世，刪定之旨，如日中天，無所容其贊述。所論
> 次者，詁經之說而已。自漢京以後，垂二千年，儒者沿波，學凡六
> 變。……夫漢學具有根柢，講學者以淺陋輕之，不足服漢儒也。宋
> 學具有精微，讀書者以空疏薄之，亦不足服宋儒也。消融門戶之見
> 而各取所長，則私心袪而公理出，公理出而經義明矣。蓋經者非他，
> 即天下之公理而已。今參稽眾說，務取持平，各明去取之故，分為
> 十類：曰《易》、曰《書》、曰《詩》、曰《禮》、曰《春秋》、曰《孝
> 經》、曰五經總義、曰《四書》、曰《樂》、曰小學。〔註5〕

說明「經學」的內容包蘊宏富，傳承二千多年，具有悠久的歷史，享有「天下公理」之崇高地位，以及「公理出而經義明」的學術價值。

漢代經學昌明，西漢今文經學立於學官，盛極一時。東漢今文經學雖已

〜13298。

〔註 5〕〔清〕永瑢、紀昀等撰：《四庫全書總目提要》（臺北：臺灣商務印書館，1983年），卷1，頁53。

立於學官，但是已經走向衰落。而古文經學在民間興盛，大師輩出。至東漢末年，鄭玄兼採今古文，遍注群經，結束了自西漢以來的今古文之爭。鄭玄打破今古文門戶之見，兼注《儀禮》、《禮記》、《周禮》，而成《三禮注》，是通學派的《禮學》。鄭玄注《三禮》，使《三禮》之學綿延千百年之久，對後代禮學之發展，有深遠之影響，直至今日，仍是研究古代禮學必讀的重要經典。

張舜徽（1911～1992）評論黃以周的《禮書通故》云：

> 自來研究《三禮》之學的，莫不以鄭注為宗，而《禮書通故》駁鄭處卻不下百條。可知他不偏袒，不曲從，實有大過人處。所貴乎通人之學，便在這裡。《禮書通故》，名為一部經學書，其實從內容看，每類每篇，都是考證古代禮儀、制度、名物，是一部最為翔實的古史考證書，也可說是一部史考名著。他在闡述我國古代文化方面，作出了重大貢獻。〔註6〕

讚譽《禮書通故》體大思精，會通諸儒論禮之學說，指摘訛誤，匡正謬誤，不會曲從。詳實考證古代禮儀與名物制度，傳承我國禮儀文化，居功厥偉。章太炎（1869～1936）稱其書可「與杜氏《通典》相比隆」〔註7〕，正彰顯出《禮書通故》融會考證與經世，以傳承我國禮儀文化，可與《通典》相提並論。黃以周的《禮書通故》，考釋中國古代禮制、學制、國封、職官、田賦、樂律、刑法、名物、占卜等，糾正舊注不少謬誤，具有極高的學術價值，備受學者推崇。俞樾（1821～1906）為之作序曰：

> 惟禮家聚訟，自古難之。君為此書，不墨守一家之學，綜貫群經，博采眾論，實事求是，惟善是從。……至其宏綱巨目，凡四十有九。洵足究天人之奧，通古今之宜。視秦氏《五禮通考》博或不及，精則過之。〔註8〕

可見其對黃以周禮學的肯定。梁啓超（1873～1929）《清代學術概論》則指出：「晚清則有黃以周之《禮書通故》，最博贍精審，蓋清代禮學之後勁矣。」

〔註6〕 張舜徽：〈浙東學記第六〉，《清儒學記》（武漢：華中師範大學出版社，2005年），頁195。

〔註7〕 汪兆鏞纂錄：章太炎〈黃以周先生傳〉，《碑傳集三編》（臺北：明文書局，1985年影印《微尚齋書鈔本》），頁141。

〔註8〕 〔清〕黃以周撰、王文錦點校：《禮書通故》（北京：中華書局，2007年），頁1～2。

〔註9〕受到當代著名學者的高度評價，可見黃以周禮學之精深。

一、研究動機

本文撰作動機，厥有二焉：

其一、《禮書通故》是貫通《三禮》的綜合研究之作，博採漢、唐迄清的禮說，而不拘泥於一家之言。自有清一代的禮學研究，以上溯禮學發展的源流。胡玉縉（1859～1940）評其體例曰：

> 是編發撝禮學，上自漢、唐，下逮當世，經注史說，諸子雜家，義有旁涉，率皆甄錄，去非求是，務折其中，足當「體大思精」四字。自〈禮書通故〉至〈名物通故〉，分四十七門。又有〈禮節圖〉、〈名物圖〉及〈敘目〉，凡五十目。前有俞樾序，稱其究天人之奧，通古今之宜。李慈銘《桃華聖解盦日記》，亦稱其於喪服最留心，故所詰足正前人之失。皆推挹甚至。〔註10〕

說明《禮書通故》記事時限，上起漢代，下迄晚清；編輯體例，自〈禮書通故〉至〈名物通故〉，分四十七門，又有〈禮節圖〉、〈名物圖〉及〈敘目〉，凡五十目。《禮書通故》撰述宗旨為「囊括《三禮》，博綜制度」。全書篇卷以禮書源流居首，先釋宮室以下諸篇，順序大體是吉、凶、嘉、賓、軍，另外旁及圖、田制、學校、職官等多項。而對〈喪服通故〉之編撰最用心，駁正前人之失，對後學裨益良多。

其二、由《禮書通故》一書，開啓辨彰諸禮，融會諸說，並論斷各書真偽的門鑰。《禮書通故》既然是會通諸禮經之作，故辨彰各篇真偽，成為其書重要課題，闡說鄭注，亦訂正鄭注。胡玉縉節引其說云：

> 《周官經》有《周官傳》屬入其中，故間有可疑；《儀禮》古祇稱《禮》，今鄭注本大題《儀禮》，當是東晉人所加；陳邵謂戴德刪古禮，戴聖刪《大戴禮》，語皆失實；推之〈檀弓〉非誣，〈王制〉非漢博士作，〈月令〉非秦制，〈明堂位〉為西周書；〈郊特牲〉言朝覲私覿之非禮與司儀；〈雜記〉言「大夫為其父母之未為大夫者如士服」，與《中庸》不悖；〈祭法〉言天子諸侯大夫廟制，與諸書異而實相通；〈祭統〉言於禘發爵賜服，與〈月令〉立夏行賞封侯不同，

〔註9〕梁啓超：《中國近三百年學術史》（臺北：里仁書局，2000年），頁46。
〔註10〕同註9，〈胡玉縉跋〉，頁2723。

爲三代殊禮；而盛世佐《儀禮集編》、韋協夢《蠡測》之駁〈仲尼燕
居〉及〈射義〉，則又直斥其失；凡此考訂，尤有功經學。〔註11〕
舉例說明黃以周於〈禮書通故〉第一篇中，節引諸家之說，考訂「三禮」名
稱之由來，並指正後代考證之失誤。《禮書通故》在清儒禮家中，成書最晚，
囊括《三禮》的種種內容，可謂爲集清代禮學之大成。

二、研究目的

　　黃以周《禮書通故》編撰的旨趣不在資料的匯集編纂，而著眼於辨析是
非。對《三禮》各家經注有不同之處，作者依序，選錄有代表性的解析，然
後加上案語，進行綜合分析，提出自己的見解。探討的範圍涉及經注史說，
諸子雜家。凡詳考禮制，多正舊說之誤，釋後人之疑。考辨詳實，結論至當，
使此書具有較高的學術價值。並附有各種禮節的圖表及名物圖，是學習、研
究《三禮》必備之參考書。茲述本文研究目的如下：

（一）主要目的——專家禮學的研究

　　本研究主要從黃以周《禮書通故》一書中，探討作者辨析《三禮》是非、
詳考禮制、兼采漢、宋等學說內涵及禮學思想理論脈絡。

（二）延伸研究

1. 探討黃以周禮學漢、宋兼采之原則

　　皮錫瑞稱清代爲「經學復興時代」，就傳統經學之發展而言，漢學、宋學
本無軒輊之別，學者均應摒棄門戶之見，而各取其所長。黃以周在《經訓比
義·敍》提到：

> 經者，聖賢所以傳道也。經之有訓詁，所以明經而造乎道也。儒者
> 手披口吟，朝夕無倦，孰不有志於聞道。顧或者辨聲音、定章句，
> 專求乎訓詁之通，而性命之精，仁義之大，一若有所諱而不言。言
> 之者或又離訓詁以談經而經晦，離經以談道而道晦，甚且隱陋乎。
>
> 〔註12〕

說明漢學所長者，在於考據訓詁；宋學所勝者，在於義理精明。在清代乾嘉

〔註11〕中國科學院圖書館整理：《續修四庫全書總目提要·經部》（北京：中華書局，
　　　　1993 年），頁 627。
〔註12〕〔清〕黃以周：〈經訓比義敍〉，《經訓比義》（臺北：廣文書局，1977 年），頁
　　　　11。

考據興盛之時，漢學者已有兼重義理者，如戴震（1724～1777）、淩廷堪（1757～1809）、焦循（1763～1820）、阮元（1764～1849）等，均是其佼佼者；理學家中，亦有考據見長者，如翁方綱（1733～1818）、姚鼐（1731～1815）、許宗彥（1768～1818）等人。本研究擬從黃以周之禮學著作中，具體探求其如何融會考據、義理之長，而達漢、宋調和。

2. 《禮書通故》與《通典》、《五禮通考》之比較研究

《禮書通故》體大思精，是黃以周瘁盡心力的巨著。黃氏在〈敘目〉云：「是書草創于庚申，告藏于戊寅。」從公元 1860 年到 1878 年，歷時十九年才完稿。〔註 13〕俞樾《禮書通故·序》云：

> 君爲此書，不墨守一家之學，綜貫群經，博采眾論，實事求是，惟善是從。……至其宏綱巨目，凡四十有九，洵足究天人之際，通古今之宜，視秦氏《五禮通考》，博或不及，精則過之。向使文正得見此書，必大嗟歎，謂秦氏之後又有此作，可益《三通》而五矣。

〔註 14〕

說明黃以周撰述《禮書通故》一書，不墨守一家的說法，而是貫通群經，採集諸家學說，講求考據，且能擇善而從。支偉成（1899～1929？）《清代樸學大師列傳》亦對黃氏有是論：

> 先生爲學，不拘漢、宋門戶，體亭林「經學即理學」之訓，上追孔門之遺言。……而《三禮》尤邃。凡詳考舊說，晝夜研索，成《禮書通故》百卷，列五十目，囊括大典，本支敕備，究天人之奧，斟古今之宜，蓋與杜氏《通典》比靈，斯其校核異義過之，諸先儒之聚訟，至是渙然冰釋。〔註 15〕

說明《禮書通故》一書，囊括大典，敘述詳實，究天人之奧，通古今之宜，可媲美唐代杜佑（735～812）《通典》。章學誠（1738～1801）《文史通義·書教中》亦云：

> 杜氏《通典》，蓋其書本《官禮》之遺，宜其於禮事加詳也。……杜氏並爲採編輯其文，可謂窮天地之際而通古今之變者矣。〔註 16〕

〔註 13〕〔清〕黃以周撰、王文錦點校：《禮書通故》，頁 1。

〔註 14〕同上注，頁 2。

〔註 15〕支偉成：〈定海黃氏父子傳，浙粵派漢宋兼采經學家列傳第九〉，《清代樸學大師》（長沙：嶽麓書社，1998 年），頁 115。

〔註 16〕〔清〕章學誠：《文史通義》（臺北：國史研究室，1972 年），頁 11。

可知《禮書通故》、《通典》、《五禮通考》三書，均是傳承我國禮學禮制之巨著，因此本文擬探討此三書，傳承古禮古制之關係、輯錄文獻之方法及對禮學之貢獻。

3. 探討《禮書通故》的學術價值

黃以周專於治經，尤通「三禮」，《清史稿》認爲他博文約禮、實事求是，道高而不立門戶。《浙江省定海縣志》論其學術云：

> 嘗曰：「挽漢、宋之末流者，其唯禮學乎？著《禮書通故》百卷，大江以南之學者咸宗焉，生平篤守顧亭林經學即理學之說，而以執一端立宗旨爲賊道，蓋四明之學，自萬斯同、全祖望以來，獨以周爲最醇云。」〔註17〕

黃以周在禮學上尤有發明，認爲程朱是理學大家，並不排斥對經學的採納，漢學與宋學的糾紛，實則是脫離治經旨意，既然理學家不排斥經學，則應視理學與經學同出一門，同是孔孟學派。黃以周的禮學思想，在我國的禮學學術史上，具有承先啓後的地位。因此，本文擬探討黃以周《禮書通故》一書的學術價值及對晚清禮學之影響。

第二節　研究文獻與前人研究成果之探討

禮學的復興，是清代學術的一大特點。禮學從清初興起，到乾嘉時期達到鼎盛。據統計，兩部《皇清經解》中，禮學著作佔了三分之一，遠居他經之上。〔註18〕同時，在移風易俗的使命之下進行的清代禮學研究，也呈現出與前代不同的學術走向與研究特色。〔註19〕《四庫全書總目提要・禮類・小序》中明確指出：

> 《三禮》並立，一從古本，無可疑也，鄭康成注、賈公彥、孔穎達疏，於名物度數特詳。〔註20〕

說明清儒研究禮學是以古本《三禮》和鄭注、孔疏、賈疏爲藍本，且強調《三

〔註17〕陳訓正、馬瀛等撰修：〈人物志〉，《浙江省定海縣志》（臺北：成文出版社，1970年），頁365。

〔註18〕張壽安：〈乾嘉實學研究展望〉（《中國文哲研究通訊》，第2卷第4期，1992年12月），頁19～21。

〔註19〕劉永青：〈清代禮學研究的特點〉（《齊魯學刊》，2008年第6期），頁23。

〔註20〕〔清〕永瑢、紀昀等撰：〈經部・禮類一〉，《四庫全書總目提要》，卷19，頁388。

禮》並立。清代通考禮書，如徐乾學（1631～1694）《讀禮通考》、江永（1681～1762）《禮書綱目》、秦蕙田（1702～1764）《五禮通考》、凌廷堪（1757～1809）《禮經釋例》、黃以周《禮書通故》等書，都是依循此種模式來寫作。黃以周在《禮書通故・敘目》中云：

> 夫《禮》，唐修其五，虞典以三，夏造殷因，周禮猶釀。東遷以後，舊章云亡，孔子贊修，猶苦無徵。言、曾討論，又復錯出。《禮》學難言，由來久矣。……夫西京之初，經分數家。東京以來，家分數說。一嚴其守，愈守愈精；一求其通，愈通愈密。諸博士，其守之精者也；戴、許二書，其通者也；鄭所注書，囊括大典，綱羅眾家，其密者也。唐、宋以來，禮學日微，好深思者，或逞肥說。好述古者，又少心得。究其通弊，不出兩軌。以周不揣譾陋，綴集異聞，不敢立異，亦不敢苟同，爲之反復羣書，日夜覃思。賢者識大，不賢識小。道苟在人，何分扃塗？上自漢、唐，下迄當世，經注史說，諸子雜家，義有旁涉，隨事輯錄。昔者高密，箋《詩》而屢易毛《傳》，注《禮》而屢異先鄭。識已精通乎《六藝》，學不專守於一家。是書之作，竊取茲意。以爲按文究例，經生之功；實事求是，通儒之學。或者反以不分師說，爲我詬病，甘作先儒之佞臣，卒爲古聖之亂賊。惴惴自懼，竊有不敢。〔註21〕

由上述可知，黃以周撰寫《禮書通故》一書之原委，詳考禮制，而意在覈明古禮，示後聖可行之道。此書考辨詳明，斷制準確，澄清了許多問題，解決了不少糾紛，有很高的學術價值，問世以來，在學術界一直享有盛譽，是研究古禮古制重要的基本文獻。

一、前人研究成果述略

《禮書通故》自從問世以來，學界對於此書之研究，大致有二：其一爲對於此書之點校，其二爲學術內涵之討論。茲略述如下：

（一）點校部分

《禮書通故》點校本：黃以周撰、王文錦點校、喬秀岩覆校

王文錦先生以當代禮學專家的深厚學養，承擔《禮書通故》校點重任，他以重修本爲工作本，吸收黃家駿、黃家驥《〈禮書通故〉校文》的成果

〔註21〕〔清〕黃以周撰、王文錦點校：《禮書通故》，頁2721～2722。

〔註22〕，《校文》原附刻《通故》重修本卷首，王文錦整理本並未照排，對全書做了全面而精到的校勘和標點，凡有改動都寫出校記。又爲全書編制了詳細目錄，後附胡玉縉〈《禮書通故》跋〉，供讀者參考。〔註23〕中華書局於2007 年 4 月出版了王文錦先生的點校本，有功學林甚偉。王先生功力深厚，態度嚴謹，所訂可謂善本。其弟子喬秀巖又撰《覆校記》，多有增益，綴於書末。〔註24〕《禮書通故》點校本之問世，對研究黃以周《禮書通故》之學者而言，裨益良多。

（二）黃以周學術研究及學位論文討論（依時代先後排序）

（1）顧遷：《黃以周及其《禮書通故》研究》

南京大學中國古代文學專業碩士論文，2008 年

本論文的研究側重於梳理黃氏父子的禮學思想基礎、探討黃以周的學術淵源，並提出黃以周解經「訓詁求大義」的深刻意蘊。爬梳總結其詮釋經義的十大義例。並從制作之源流與因革之要，闡述《禮書通故》與《五禮通考》的不同取嚮，以豐富學界對清代禮學的認識。選取《禮書通故》中解決不當的幾個問題加以討論。並略探本文涉及較少的《禮書通故》內容，如〈喪服〉、〈喪禮〉、〈郊禮〉、〈宗廟〉諸門等，因爲其中涉及清代學者反復論爭的某些禮制上的重大問題。最後，集先儒禮說作《冠禮通故箋證》，試著對《通故》一書的材料及觀點進行具體的疏釋，以深化、補充本文的論述。

（2）張旭：《《六書通故》研究》

陝西師範大學中國古典文獻學碩士論文，2008 年

本論文以《六書通故》爲研究主體，《六書通故》是《禮書通故》的一部分，其目的是爲了以小學通經典。《六書通故》凡三卷，分別涉及字形、詞義、語音的考察。本文旨在探究《六書通故》的體例、六書理論、訓詁、古韻等方面之研究。《六書通故》代表晚清時期總結前代學者研究「六書」的學術成

〔註22〕王逸明：《定海黃式三黃以周父子年譜稿》：「黃家駦，黃以周三子，梅氏出。黃家驥，黃以周四子，陳氏出。又名杭生，約生於光緒八年（1882）。」（北京：學苑出版社，2000 年），頁 3。又黃家駦、黃家驥〈《禮書通故》校文記〉云：「家大人又命家駦、家驥一同再校。乃檢原稿本、初印本、重修本、後定本互相雠對，得一百八十餘條，遂排比前後，刻之南菁講舍，以省諸君子過寫之勞。」，頁 71。

〔註23〕〔清〕黃以周撰、王文錦點校：《禮書通故》，頁 1～4。

〔註24〕同上注，頁 2727～2756。

果，更彰顯黃以周主張要通曉經典，必先要通曉「訓詁聲音」之理念。《六書通故》爲黃以周研究「禮學」的基礎研究。

（3）李秀珠：《黃以周及其《禮書通故》中之昏禮、喪禮學研究》

臺灣高雄師範大學碩士論文，2009 年

《禮書通故》爲具有總結性意義的重要禮學專著，本論文分爲四大部分進行論述：黃以周之生平與著作、黃以周之學術、黃以周《禮書通故》中之昏禮學、黃以周《禮書通故》中之喪禮學。藉由昏禮、喪禮學之研究，使以周致力於專研經學、史學、子學之學術成就，能受到應有之重視，繼而能重新認識傳統經學，開啓另一道新視野。

（4）孟憲夫：《黃以周及其思想研究》

中山大學中國文學研究所碩士論文，2010 年

歷來對黃以周的研究亦多專注於其禮學的成就上，其實黃以周對義理思想也有極大的興趣，從其所著之《經訓比義》即可知其企圖不僅止於禮學考據。禮學對黃以周的思想有極大的影響，而本文的研究目的即在於探討其思想特色。本文的研究方法除了文獻分析之外，也從黃以周的家學、交遊及著作中找尋蛛絲馬跡，能從多方面來理解黃以周的思想特質。本論文探究黃以周的思想，包括：「論命、性、才、情、欲、心、意、理」、「論仁、禮、智、義、性」、「論忠、恕、靜、敬、中、權、誠、鬼神、剛」、「論聖、教與學、道德」及政治思想等方面，並提出其對儒學史的觀點，以探究其思想特色。

（5）彭怡文：《《禮書通故》中女子喪服禮考》

東海大學中國文學系碩士論文，2010 年

本論文主要探討《禮書通故》中的女子喪服禮，輔以〈喪禮通故〉、〈禮節圖表〉。透過歷代女子喪服制度文獻，再佐以《儀禮·喪服》探究女子喪服，以黃以周所處的時代背景總結並分述喪服制度的變遷。並說明黃氏寫作方法，及指陳其禮學觀點。並探究黃以周如何用「通」進行和其通「故」的具體內容，以及他如何去通辨這些經由時代累積難以克服的說法，並剖析出黃氏《通故》與當時禮學家論喪制的共通性與獨特性，更進一步重構出女子喪服制度從漢代至清代的變遷與發展的圖像。

（6）黃小蓁：《黃以周《禮書通故》「宗法觀」及「喪服論」研究》

高雄師範大學國文研究所碩士論文，2011 年

本論文主要分爲三部分進行：黃以周生平學養及交游、黃以周之宗法觀、

黃以周喪服論之探析。全文聚焦於黃以周《禮書通故》之「喪服制度」，並探其「禮意」，推明其以「宗法」，論證儀節之隆殺。並闡發古代「喪服制度」與「宗法制度」有輔車相依之關係。董理黃以周喪服制度之論，以求其宗法觀念之具體實踐，探其親親、尊尊之撙節。文中，猶推衍其義，論辨是非，亦見其論承先啓後之具體價值。

　　上述學位論文，探討的範圍包括：昏禮、喪禮學、宗法觀、喪服論、六書等，均針對黃以周《禮書通故》中之篇卷內容加以闡述。其中《黃以周及其《禮書通故》研究》與《黃以周及其思想研究》之研究，側重於梳理、探討黃以周的學術淵源和《禮書通故》的詮釋方法和著作體例，並從制作之源流與因革之要，闡述其思想特色，以豐富學界對清代禮學的認識。

（三）相關研究成果討論（依時代先後排序）

1. 黃以周年譜與學行考述

（1）王逸明：《新編清人年譜稿三種（線裝）》

　　　　　　北京：學苑出版社，2000 年

　　本書包括《昆山徐乾學年譜編》、《武進莊存與莊述祖年譜稿》、《定海黃式三黃以周年譜稿》五人三種。徐乾學是清初南學首領，莊存與是清代今文經學開山，黃式三父子則爲清浙東經史之學的殿軍，五人均爲清代學術的重鎮，對中國傳統經史學有重大貢獻。然諸位學術雖爲後世所重，卻向無年譜刊佈，故作者特縷析群書，新編此三種年譜稿本，其考索詳細，徵引皆備註出處，涉及史籍逾二百種，幾無一語無證。

　　案：本書對清代學人徐乾學、莊存與（1719〜1788）、莊述祖（1750〜1816）、黃式三父子的年譜、生平事蹟、學術著作等，均有詳實的記載，又各附譜主撰著目錄及版本考，對研究清代學術的發展脈絡有極重要的參考價值，爲近代研究清史的重要參考書。

（2）項世勳：《清儒黃式三、黃以周父子《易》學研究》

　　　　　　臺灣師範大學國文研究所碩士論文，2007 年

　　本論文主要是探討，清儒黃式三、黃以周父子除了在禮學上有高度成就外，在易學方面，也有多本專書流傳於世。唐文治在〈黃元同先生學案〉也提到：「近世學者但知先生禮學之精邃，未能知其《易》學之閎深也。」因此本論文深入探究黃式三、黃以周父子的《易》學內涵與成就。並且比較黃氏

父子治《易》方法與清代浙東學者治經方法。

2. 晚清禮學思想討論

（1）程克雅：《乾嘉學者「以例釋禮」解經方法比較研究——江永、淩廷堪與胡培翬爲主軸之析論》

臺灣師範大學國文研究所博士論文，1998 年

本論文論述清代乾嘉禮學的實學性格與考據方法，從「名物」、「儀節」、「制度」三個面向，探討乾嘉禮學三家江永、淩廷堪、胡培翬的代表性及著述體例。江永《禮書綱目》以「文例歸納」、「以經解經」、「關鍵詞」、「史料輔證與史實評論」等四項爲解解經之方法；淩廷堪《禮經釋例》以「文例歸納」、「以經解經」、「關鍵詞」、「史料輔證」等四項爲解經之方法；胡培翬《儀禮正義》以「文例歸納」、「釋例之法」、「會通禮例」、「史料輔證」等四項爲解經之方法，並指出乾嘉禮學三家致力的目標不僅是「以例釋禮」，而且是「以禮解經」的學術特色，清代禮學「以禮代理」的實踐與發展。

（2）李江輝：《晚清江浙禮學研究》

西安：西北大學歷史學專業博士論文，2007 年

本論文探討晚清江浙學者繼承乾嘉考據學的優良傳統，對禮學作系統研究，揚州學派的會通眾說，浙東學派的禮制總結，常州學派的經世意識，是代表晚清學術界對時代課題作出的三種回應思路。因此，研究晚清江浙禮學具有極大的學術意義和現實意義。同時在禮學研究上，取得了極大的成就，解決了歷史上關於《三禮》文獻的形成、傳承過程存在的許多爭議，梳理出《儀禮》、《禮記》、《周禮》的授受源流，爲禮學史、經學史研究奠定了基礎；而晚清江浙禮學家對古代禮制全面的總結，解除了自西漢以來對明堂、封禪、巡狩之禮莫知其原的困境，對各項制度、各種說法的優劣得失，進行了客觀、細緻的分析評判。晚清江浙三大學派禮學研究中所表現出的繼承性、複雜性和時代性，反映出晚清學術的真實面貌，也預示了近代中國學術發展的多元化趨勢。

（3）魏立帥：《晚清漢學派禮學研究》

山東師範大學中國近現代史專業碩士論文，2007 年

本論文主要探討，有清一代的禮學發展史，晚清漢學派禮學遠紹清初諸大儒顧炎武等人的「以經學濟理學之窮」「經學即禮學」思想。近繼清中期淩廷堪與阮元的「以禮代理」學說之後，面對清末社會變局，禮學家們或者堅

守漢學派家法、考訂古禮；或者調和漢宋，援宋入漢重建漢學家法；或者將禮學研究政治化，直接為現實服務。胡培翬利用自己的身份在鄉間倡導古制；陳澧強調禮學實踐來挽救世道人心、拯救社會危機；孫詒讓則寫出《周禮正要》這部稽古論治之作，呈遞清政府希冀為清末新政採用，章太炎、劉師培則投入到了轟轟烈烈的辛亥革命中，這些都體現了晚清漢學派禮學，面對新的歷史環境而發生的深刻變化。

　　（4）商瑈：《黃式三學術思想研究》

　　　　　　彰化師範大學國文學系博士論文，2010 年

　　本論文以黃式三之經學、史學、義理學為論述主線，分上、下二卷，考核其治學研究之成績，並尋繹其於學術史之地位與價值。上卷綜論黃氏之思想淵源，義理觀點與學術定位。全面認知其學術、行止，並印證其學理。繼而探究黃氏之義理學，其以「申戴」為基調，將涵養道德重心，落在經驗實踐工夫上，主張理氣內在一元之本體論，強調踐履結果的「性教合一」性善論，以及重視成善在「習」、戒貪節欲而不絕欲的工夫進路。下卷專論其專書大義。黃氏畢生振興《六經》之教，務力發揚禮學，考證禮制，以釐正舊說。並推行禮教，實踐矯世正俗之禮治理想。通過探究黃式三學術內涵與義旨，得以觀察乾嘉後期到晚清學術之演變軌跡，有助於瞭解清儒之治學風向。

　　上述學位論文，闡述黃式三、黃以周父子學術思想及清代禮學發展，晚清學術之演變軌跡，晚清漢學派禮學開始在訓詁考據之外更多地關注現實、強調社會踐履，對研究清代學術的發展脈絡，有極重要的參考價值。

（四）相關研究論文討論（依時間先後排序）

（1）顧吉辰：〈黃以周和他的《續資治通鑒長編拾補》〉

　　　　　《浙江學刊（雙月刊）》，1989 年第 6 期（總第 59 期）

（2）魏永生：〈黃式三學術思想評議〉

　　　　　《東方論壇》，2000 年第 3 期

（3）林存陽：〈黃式三、以周父子「禮學即理學」思想析論〉

　　　　　《浙江社會科學》，2001 年第 5 期，2001 年 9 月

（4）張壽安：〈黃式三對戴震思想之回應〉

　　　　　《清代學術論叢》，第三輯，2002 年

（5）張　涅：〈關於定海黃氏著作的研究資料〉

發表於浙江寧波大學「紀念全祖望誕辰三百周年暨浙東學派與中國實學文化研討會」，2005 年 10 月

（6）程克雅：〈黃以周〈論書院〉與「學校禮」考述〉

臺北：中央研究院中國文哲研究所主辦「浙江學者的經學研究第一次學術研討會」，2005 年 6 月 23、24 日

（7）程克雅：〈晚清浙學與「漢學」知識系譜─以俞樾、黃以周、孫詒讓為主軸的探究〉

臺北：中央研究院中國文哲研究所主辦「浙江學者的經學研究第二次學術研討會」，2005 年 12 月 8、9 日

（8）賴師貴三：〈黃式三、黃以周父子《易》學初探〉

臺北：中央研究院中國文哲研究所主辦，「浙江學者的經學研究第二次學術研討會」，2005 年 12 月 8、9 日

（9）黃海嘯：〈禮理之辯與黃式三、以周父子對清代禮學的總結〉

《蘭州大學學報（社會科學版）》，第 34 卷第 5 期，2006 年 9 月

（10）詹亞園：〈黃以周《禮書通故》小議〉

《浙江海洋學院學報（人文科學版）》，第 3 期第 24 卷，2007 年 9 月

（11）曹美秀：〈黃式三經學試探──以「尚書啓蒙」為例〉

《書目季刊》，第 42 卷第 3 期，2008 年

（12）程繼紅：〈黃式三、黃以周與浙東學派的關係及傳衍〉

《浙江社會科學》，第 11 期，2010 年 11 月

（13）韓偉表：〈黃式三、黃以周《易》學著作序跋讞述〉

《浙江海洋學院學報（人文科學版）》，第 4 期，2010 年

（14）余全介：〈定海黃式三、黃以周父子《尚書學》研究〉

《浙江海洋學院學報（人文科學版）》，第 1 期，2011 年

（15）范琳璐：〈黃式三、黃以周父子與王國維在學術思想上的比較〉

《大眾文藝》，第 1 期，2012 年

案：黃式三、黃以周父子博通群經，是晚清著名的經學大師。上列 15 篇論文，從梳理黃式三、黃以周父子的「禮學即理學」、「禮理之辯」思想，進

而探究父子倆在《禮》學、《易》學、《尚書》學等專著的特色與成就。黃式三治學會通漢宋，著述豐富，以周幼承家學，於群經子史皆有述作，江南諸高才多出其門。而王國維作爲一個享譽中外的清代大學者，在文學、美學、史學、考古學、音韻學等多種學科領域研究中取得了不少具有開創性的成就。因此，大陸學者范琳璐撰〈黃式三、黃以周父子與王國維在學術思想上的比較〉論文，比較黃氏父子與王國維在中國傳統學術思想史上的成就和對後代的影響。

　　綜觀上述論文，對黃以周禮學思想研究成果的探討，主要集中在詮釋黃以周對〈昏禮通故〉、〈喪禮通故〉、〈喪服通故〉、〈宗法通故〉等篇的觀點，其餘篇章鮮少論述。大陸學者顧遷先生所撰《黃以周及其《禮書通故》研究》碩士論文，對《禮書通故》一書之內容與體例雖有梳理與闡釋，但僅作概括性之介紹，所列舉黃以周詮釋經義的十大義例，過於簡略，且未能作深入探討。至於對黃式三、黃以周父子的學術思想淵源、晚清禮學思想與禮學派別的研究，已成爲學界討論的重要課題。不過，這些論著的內容多屬概括性質，未深入探討《禮書通故》與清代通考禮書的相關著作，進而彰顯《禮書通故》的學術價值與地位。因此，筆者不揣譾陋，擬在前人之研究基礎上，以「黃以周《禮書通故》研究」爲題，探討黃以周《禮書通故》如何形成，其次，探討黃以周考辨《三禮》之是非、詮釋古禮之特色，以及其對中國學術發展史之影響與貢獻。

第三節　研究方法與步驟

　　皮錫瑞《經學歷史》云：

>　　凡學不考其源流，莫能通古今之變；不別其得失，無以獲從入之
>途。古來國運有盛衰，經學亦有盛衰；國統有分合，經學亦有分
>合。〔註25〕

說明考辨經學的源流，乃是辨章學術的不二法門。而《三禮》的內容要義，經過歷代學者的探討與闡揚，已成爲中華民族傳統文化的特色，尤其是帶有宗法性質的禮制，兩千多年來已深入人心，塑造了中國人重禮的性格。

　　本論文之研究範圍，以晚清黃以周所著《禮書通故》一書爲主，即以《禮

〔註25〕　〔清〕皮錫瑞撰，周予同注：〈經學開闢時代〉，《經學歷史》，頁1。

書通故》原典為基礎，輔以鄭玄《三禮注》，並廣納清儒對禮學的見解，旁及近代專家學者研究禮學的著作，運用文獻分析法、歷史研究法、類比研究法、綜合歸納法，兼容並蓄，探討學術史的發展與演變，並查考特定人物的學術淵源與傳承，來理出黃以周之禮學思想與學術成就。茲述本論文之研究方法與步驟如下：

一、研究方法

本論文主要研究方法有四：文獻分析法、歷史研究法、類比研究法、綜合歸納法等。

（一）文獻分析法

蒐集文本、流傳版本，與相關學術論著，逐一研讀，探討分析，本論文全面採用此種方法。本論文之研究範圍，以晚清黃以周所著《禮書通故》一書為主軸，探討分析其著作動機、著作體例、詮釋方法、篇卷名稱、流傳版本等，以探討其「囊括《三禮》，博綜制度、會通群經」之學術價值。

（二）歷史研究法

通過《定海黃式三黃以周年譜稿》、《清儒學案》、《清史稿》、《定海縣志》等書之研讀，蒐集黃式三黃以周父子之史事，整理分析，以考察黃以周之生平、家學淵源、學思歷程與交遊情形，以掌握其學術內涵與思想要旨。

（三）類比研究法

此方法是以比較與推論為基礎之研究。廣泛蒐集與《禮書通故》相關之禮學專著，如漢代鄭玄《三禮注》、戴聖《石渠奏議》、許慎《五經異義》、鄭玄《駁五經異義》、唐代杜佑《通典》、清代江永《禮書綱目》、秦蕙田《五禮通考》，逐一研讀，整理相關議題，對照比較其異同，並推論其特色。

（四）綜合歸納法

綜合歸納《禮書通故》所闡釋之議題、《禮書通故》之學術價值、時人之評價及對後世之影響。

二、研究步驟

（一）書籍蒐集

今所蒐集書籍，上可溯及漢代鄭玄《三禮注》、許慎（約58～約147）《五

經異義》、鄭玄《駁五經異義》、唐代杜佑《通典》，兼採錄清儒研究禮學之相
關著作：徐乾學《讀禮通考》、江永《禮書綱目》、秦蕙田《五禮通考》、凌廷
堪《禮經釋例》、孫詒讓（1848～1908）《周禮正義》等書，各書之同異均略
作分析探討，以了解黃以周禮學研究之進路。至於前人之研究專書及論文，
亦儘量蒐集研讀。

（二）著述析評

　　就所蒐集書籍之內容大要、得失與評價，逐一研讀，加以判讀、整理、
分析、歸納、比較研究。或詳或略，凡所臧否，或引成說，如《四庫全書總
目提要》、《續修四庫全書總目提要》等，皆取持論公允，無門戶之見者；或
參酌專家學者之見解，或以己意論述之，非敢妄下論斷。

（三）綜合結論

　　各相關文獻之內容大要、得失與評價，既已見於前人研究文獻之分析，
無庸贅述。掌握清代學術史脈絡，晚清江浙禮學與黃以周學術思想之淵源關
係、黃以周之生平著作、學術傳承與貢獻等，筆者以客觀嚴謹的態度，探討
分析、歸納整理，釐清相關問題，並探尋其脈絡關係，以完整呈現黃以周之
禮學思想及研究成果。

第二章　晚清學術風氣與禮學之探討

　　清代兩百六十八年間的經學，依據林師慶彰教授分析〔註1〕，約可分為三個階段：一是「以辨偽為主的清初經學」——順治、康熙、雍正三朝，合計92年，是理學逐漸衰落，清學漸次興起的時期，也可說是清學的建立期。二是「以小學、名物考訂為主的乾嘉經學」——乾隆、嘉慶二朝，合計85年，是清學大為發皇的時期。三是「今文學發皇的晚清經學」——道光、咸豐、同治、光緒、宣統五朝，合計91年，是清學轉變、衰微和西學入侵的時期。而乾嘉樸學是清代學術的主流，若無吳、皖、揚三派的激盪、交流、融會貫通，則清學無以顯示出超越性的輝煌成績；因此，百家爭鳴的學術新世紀，便順勢而生，蓬勃鼎盛了。〔註2〕晚清學術，既非漢學的粲然復彰，亦非宋學的振然中興，它帶有鮮明的時代印記，隨著歷史的巨變而演進。晚清經今古文之爭，是中國近代學術思想史上的重要議題。

第一節　晚清學術風氣之轉變

　　在晚清時期，經學體系面臨崩潰和轉型，誠如皮錫瑞《經學歷史》所云：
> 國朝經學凡三變。國初，漢學方萌芽，皆以宋學為根柢，不分門戶，各取所長，是為漢、宋兼采之學。乾隆以後，許、鄭之學大明，治宋學者已鮮。說經皆主實證，不空談義理。是為專門漢學。嘉、道

〔註1〕詳參林師慶彰：《清代經學國際研討會論文集・導言》（臺北：中央研究院中國文哲研究所，1994年6月），頁1～4。
〔註2〕詳參賴師貴三：〈清代乾嘉揚州學派經學研究的成果與貢獻〉，《漢學研究通訊》，第19卷第4期（2000年11月），頁588～595。

以後，又由許、鄭之學導源而上，《易》宗虞氏以求孟義，《書》宗
伏生、歐陽、夏侯，《詩》宗魯、齊、韓三家，《春秋》宗《公》、
《穀》二傳。漢十四博士今文說，自魏、晉淪亡千餘年，至今日而
復明。實能述伏、董之遺文，尋武、宣之絕軌。是為西漢今文之
學。學愈進而愈古，義愈推而愈高；屢遷而返其初，一變而至於
道。學者不特知漢、宋之別，且皆知今、古文之分。門徑大開，榛
蕪盡闢。論經學於今日，當覺其易，而不患其難矣。乃自新學出，
而薄視舊學，遂有燒經之說。聖人作經，以救萬世，固無可燒之
理；而學之簡明者有用，繁雜者無用，則不可以不辨。……《三禮》
主鄭《注》，孔、賈《疏》，先考其名物制度之大而可行於今者，細
碎者姑置之。後儒臆說，概屏勿觀。則專治一經，固屬易事；兼通
各經，亦非甚難。〔註3〕

由上述引文可知，清代學術的傳承，歷經「漢學」、「宋學」各放異采，至「漢、
宋兼采之學」，可以看出彼此消長的軌跡。晚清學術，上起道光二十年，下迄
宣統三年。嘉慶、道光間，國家多難，世變日亟，對於內政與外交，清廷已
面臨分崩離析的困境。面對無法力挽狂瀾的漢學風潮，方東樹（1772～1851）
作《漢學商兌》，揚宋抑漢，試圖營造一個宋學復興的局面。然而晚清學術，
七十年間，先是今文經學復興同經世思潮崛起合流，從而揭開晚清學術之序
幕。繼之洋務思潮起，新舊體用之爭，一度成為席捲朝野之勢。〔註4〕更彰顯
了清代學術發展的氛圍，受到政治與社會風氣的影響。

一、乾嘉學派之興盛

清代乾嘉之際（1736～1820），「漢學」獨領風騷，重視「考據訓詁」的
學術風氣大為興盛。乾嘉學派也稱「考據」學派，分為吳派和皖派兩派。

（一）吳派

吳派即蘇州學派，以惠棟（1697～1758）為開創者。惠棟著《九經古義》
二十卷、《易漢學》八卷。《易漢學》，是一本以漢《易》之理解釋《易》學問
題的著作，是乾嘉年間首位公開打出漢學旗幟，與「宋學」對壘的學者。惠
棟身為吳派領導者，治學謹守漢學，論學云：

〔註3〕〔清〕皮錫瑞撰，周予同注：〈經學復盛時代〉，《經學歷史》，頁 376～377。
〔註4〕陳祖武：〈清代學術演進分三個階段——漫談清代學術〉，《光明日報》，2006
年 6 月 7 日。

> 漢人通經有家法，故有五經師。訓詁之學，皆師所口授，其後乃著
> 竹帛。所以漢經師之說立於學官，與經並行。五經出於屋壁，多古
> 字古言，非經師不能辨。經之義存乎訓，識字審音乃知其義。是故
> 古訓不可改也，經師不可廢也。〔註5〕

惠棟認為漢人傳承經學之家法，是經由師徒口授相傳，其後記載於竹帛。因
此漢代經師能以其說，立於學官，且能訓解出自屋壁的古字古言。並透過字
形的辨識、字音的審定，以確切了解經書的義理。因此，方東樹於《漢學商
兌》中云：

> 顧、黃諸君，雖崇尚實學，尚未專標漢幟。專標漢幟，則自惠氏
> 始。〔註6〕

皮錫瑞《經學歷史》亦云：

> 雍、乾以後，古書漸出，經義大明。惠、戴諸儒，為漢學大宗，已
> 盡棄宋詮，獨標漢幟矣。〔註7〕

由上述，可知學者均認為惠棟是清代推動「漢學」復興之功臣。錢大昕（1728
～1804）稱譽惠棟曰：「漢學之絕者千有五百餘年，至是而粲然復章矣。」
〔註8〕洵不虛言。吳派的其他代表人物，有錢大昕、孫星衍（1753～1818）、
王鳴盛（1722～1797）、洪亮吉（1746～1809）等，他們以古籍經說注解為研
究之範疇，而旁及史學與文學。

（二）皖派

皖派即徽州學派，以戴震為創始者。戴震受學於江永，江永精研禮學，
又長於天文、律曆、聲韻等學說，《禮書綱目》為其重要著作。戴震著《考工
記圖》、《孟子字義疏證》等。嘗論學云：

> 經之至者，道也；所以明道者，其詞也；所以成詞者，未有能外於
> 小學文字者也。由文字以通乎語言，由語言以通乎古聖賢之心志。
> 〔註9〕

〔註5〕　〔清〕惠棟撰：〈九經古義述首〉，《九經古義》（板橋市：藝文印書館，影印
　　　　清道光九年刊《皇清經解》本），卷359，頁271上。

〔註6〕　〔清〕方東樹：《漢學商兌》（臺北：臺灣商務印書館，1968年），頁22～23。

〔註7〕　〔清〕皮錫瑞撰，周予同注：〈經學復盛時代〉，《經學歷史》，頁343。

〔註8〕　〔清〕錢大昕：〈惠先生棟傳〉，《潛研堂文集》（臺北：臺灣商務印書館，1979
　　　　年《四部叢刊正編》本），卷39，頁379。

〔註9〕　〔清〕戴震：〈古經解鉤沈序〉，《戴東原先生全集》（臺北：大化書局，1987

考證文字，可以明白經義，進而了解古聖先賢著書立說之旨意，可見考證學是戴震解讀經文，通曉儒家真理之方法學。皖派的其他代表人物，有王念孫（1744～1832）、王引之（1766～1834）、段玉裁（1735～1815）、孫詒讓等，他們在音韻、文字、訓詁諸方面都有卓越的創見。

張舜徽在《揚州學記》云：

> 余嘗考論清代學術，以為吳學最專，徽學最精，揚州之學最通。無吳、皖之專精，則清學不能盛；無揚州之通學，則清學不能大。然吳學專宗漢師遺說，屏棄其他不足數，其失也固。徽學實事求是，視夫固泥者有間矣，而但致詳於名物度數，不及稱舉大義，其失也褊。〔註10〕

論述清代乾嘉與揚州學派的特長，乾嘉學派最專精，以小學治經學，主張訓詁、聲音明而小學明，小學明而經明，一時名家輩出，佳作如林，是清代經學史乃至中國語文學史上的黃金時期。〔註11〕而揚州學者，有汪中（1745～1794）、焦循、阮元等，他們繼承和發展戴震治學特點，其治學規模、次第、方法，集吳、皖二派之長，又獨具風格，宏大清代學術風氣。

二、今文學之發皇

晚清今文經學派禮學，遠紹清初大儒顧炎武倡導的「經學即禮學」思想，繼清中期淩廷堪、阮元「以禮代理」學說之後，擯棄宋學、乾嘉漢學囿見，別開間域。清嘉道以降，學術風氣由考據轉向經世訴求，經學由訓詁、典章、名物之學轉為注重微言大義，以求通經致用。自莊存與、莊述祖、劉逢祿（1776～1829）、宋翔鳳（1779～1860）等為代表的常州學派，奠定了晚清今文經學者研治禮學的基礎。後繼者如龔自珍（1792～1841）、魏源（1794～1857）、陳喬樅（1809～1869）、皮錫瑞諸家，其治經仍本乾嘉訓詁考據之法；降至廖平（1852～1932）、康有為（1858～1927）、梁啟超、崔適（1852～1924），捨棄訓詁考證，專言微言大義，且與現實政治緊密結合。〔註12〕

年），頁1102。

〔註10〕張舜徽：〈揚州學記第八〉，《清儒學記》（濟南：齊魯書社，1991年），頁378～479。

〔註11〕詳參蔣秋華：《乾嘉學者的治經方法·導言》（臺北：中央研究院中國文哲研究所，1990年），頁9～10。

〔註12〕齊思和：《中國史探研》：「晚清今文學運動實際上有兩派，一派如陳立、皮錫瑞等人，實事求是，抉微闡幽，雖不免囿於家法偏見，但志在恢復西漢絕學，

　　魏源和龔自珍齊名，可稱為維新思想之先驅。早年研究心理學、漢學，後受劉逢祿影響，致力於今文經學研究，著有《詩古微》、《書古微》、《董子春秋發微》等。魏源主張經世致用，經學要融入政治，擴大傳統經世致用之範疇。並強調經學思想之核心，是將經術、故事、文章貫通為一，以經術為治術，為經世致用尋找理論原則。其云：

> 三代以上，君、師道一而禮樂為治法；三代以下，君、師道二而禮
> 樂為虛文。古者豈獨以君兼師而已，自冢宰、司徒、宗伯下至師氏、
> 保氏、卿大夫，何一非士之師表？小德役大德，小賢役大賢，有位
> 之君子，即有德之君子也，故道德一而風俗同。自孔、孟出有儒名，
> 而世之有位君子始自外於儒矣；宋賢出有道學名，而世之儒者又自
> 外於學道矣。〔註13〕

魏源認為將治經、明道、政事區分為三，將會造成經術與政事之分割，而導致政治之敗壞。魏源進一步分析禮樂、兵刑、食貨三者之關係，云：

> 曷謂道之器？曰禮樂；曷謂道之斷？曰兵刑；曷謂道之資，曰食貨。
> 道形諸事謂之治，以其事筆之方策，俾天下後世得以求道而制作，
> 謂之經；藏之成均、辟雍，掌以師氏、保氏、大樂正，謂之師儒；
> 師儒所教育，由小學進之國學，由侯國貢之王朝，謂之士，士之能
> 九年通經者，以淑其身，以形為事業，則能以《周易》決疑，以〈洪
> 範〉占變，以《春秋》斷事，以禮樂服制興教化，以《周官》致太
> 平，以〈禹貢〉行河，以三百五篇當諫書，以出使專對：謂之以經
> 術為治術。曾有以通經致用為詬厲者乎？以詁訓音聲蔽小學，以名
> 物器服蔽《三禮》，以象數蔽《易》，以鳥獸草木蔽《詩》，畢生治經，
> 無一言益己，無一事可驗諸治者乎？〔註14〕

魏源對治經是主張「致用」，主張「以經術為治術」。認為治經與政事是相輔相成。政事之推行，無經學之指導，會迷失方向；而經學之研究，不與政事相聯繫，則會變成無補於民瘼國用之腐儒、陋儒。〔註15〕魏源從經學理論，

　　對學術上頗有貢獻：一派是廖平、康有為、梁啟超等人，所倡乃一種政治運
　　動，而以今文為政治工具，摧毀守舊派的反對。」（北京：中華書局，1981
　　年），頁340～357。

〔註13〕　〔清〕魏源著：〈默觚上・學篇一〉，《魏源集》（北京：中華書局，1976年），
　　　　　頁23～24。

〔註14〕　同上注，頁24。

〔註15〕　湯志鈞：〈魏源的經學思想〉，收入林師慶彰編：《中國經學史論文選集》下

推出自己的變易理論，致力於社會弊政的改革，可見在激盪的社會變革與演進中，學術思想也正在面臨一場更大的文化衝擊。

　　梁啓超在《清代學術概論》中，用「以復古爲解放」〔註 16〕來說明清中葉以後掀起的今文學復興運動，學者越過東漢訓詁經學而向西漢的通經致用移轉，因而由乾嘉樸學的考據轉向今文學的通經致用。而清代復活的今文經學，其最初目的乃在企圖返求六經，直探孔子（551～479 B.C）本意，尤其是孔子，未曾明白說出的「微言大義」，這種以董仲舒（179～104 B.C）公羊學和何休（129～182）經解爲基礎的解經方式，爲今文經的復活開出一條學術通往政治之路，即以學術爲政治之用。而這正好符合西漢經學的經世致用主張，清學與漢學因此在經世主題上有所交會。〔註 17〕所以從復古到解放，由乾嘉考據到今文學的復活，進而導致經世之學的復興，清代學術思想的發展，與兩漢在時代先後上正好成爲鮮明的反背，乾嘉樸學向東漢訓詁靠攏，晚清學術傾向西漢的經世致用。〔註 18〕綜觀上述各家之研究，說明晚清學術風氣之轉變與政治潮流，的確有輔車相依的關係。

第二節　晚清學者對漢代經學之反思

　　清初學風力矯晚明王學末流「束書不觀」、「游談無根」之弊，竭力於實事求是，易主觀爲客觀，改空談爲徵實，於是大力提倡「回歸原典」運動，至乾嘉時期達於鼎盛。《四庫全書總目》明言：

> 說經主於明義理，然不得其文字之訓詁，則義理何自而推，論史主於視褒貶，然不得其事蹟之本末，則褒貶何據而定……漢儒說經以師傳，師所不言，則一字不敢更，宋儒說經以理斷，理有可據，則六經亦可改。然漢師傳者，其弊不過失之拘，憑理斷者，弊或至於橫決而不可制。〔註 19〕

說經在闡明義理，此爲宋學之特點。治學從文字訓詁入手，此爲漢學之所長。

　　　　冊，（臺北：文史哲出版社，1972 年），頁 680。
〔註 16〕梁啓超：《清代學術概論》，頁 13。
〔註 17〕王汎森：《古史辨運動的興起》（臺北：允晨文化公司，1987 年），頁 75。
〔註 18〕彭明輝：〈今文學的復興及其變奏〉，《晚清的經世史學》（臺北：麥田出版社，2002 年），頁 63～112。
〔註 19〕〔清〕永瑢、紀昀等撰：〈卷首〉，《四庫全書總目提要》，頁 37。

漢學重師承，宋學憑理斷。漢、宋之學壁壘分明，相互消長。

一、漢、宋之爭

　　漢、宋之爭是清代學術史研究中倍受關注的議題。張之洞（1837～1909）認爲漢學和宋學都是出自儒家之門，皆對孔孟之道有所貢獻，因此他說：

> 學術有門徑，學人無黨援。漢學，學也，宋學，亦學也，讀書宗漢
> 學，志行宗宋學，漢學宗之則空疏蔑古之弊除矣。宋學宗之則可以
> 寡過也。〔註20〕

張之洞說明在維護專制制度和倫理道德方面並不存在分歧，學派之間各有可取之處，漢學的眞正要旨在於「實事求是」，宋學的基本內核在於「嚴辨義利」，只有兩者互相協調，才是學問的門徑。他對朱子（1130～1200）的《近思錄》有高度的評價：「言約而達，理深而切，有益身心，高下咸宜。」〔註21〕並且也主張理學內部忌分門戶，彭衛民即闡明張氏之說，謂：「王陽明（1472～1529）學術宗旨雖與程、朱不同，然王出於陸，亦宋學也。進而爲儒學的繼續統治提供了理論依據，也契合了他所提出的『中學爲體』的價値觀。」〔註22〕張之洞主張漢宋之間和宋學內部互相協調的觀點，由此可見。

　　江藩（1761～1831）《漢學師承記》，書成於嘉慶十六年（1811），至嘉慶二十三年（1818），阮元刻於廣東。全書旨意，認爲清儒之學上承兩漢，下啓當代。清代漢學重師承、溯源流、遵古訓、重佐證、輕臆說的學術特徵，較爲客觀；全面地敘述，自清初至清中葉，考據學之學術淵源、師承關係、學術宗旨、代表人物及成就得失等，是最早對清代漢學進行全面總結與評價的專著。〔註23〕江藩在《國朝經學師承記》言：

> 專門之學興，命氏之儒起，《六經》、《五典》各信師承，嗣守章句，

〔註20〕張之洞：〈輶軒語一〉，《張文襄公全集》（石家莊：河北人民出版社，1998年），卷272，頁10077。

〔註21〕張之洞：〈宋學書宜讀近思錄〉，《張文襄公全集》，卷272，頁9793～9794。

〔註22〕彭衛民：〈在「尊德性」與「道問學」之間：清代「漢宋之爭」的內在理路〉，《史學彙刊》，總第25期。

〔註23〕漆永祥：〈前言〉，《漢學師承記箋釋》：「雖然阮元在〈序〉中只強調兩漢經學所以當遵行者，爲其去聖賢爲最近，且在釋道之說未起之前，而刻意避開江藩對宋學有意識的抨擊，但是此書在方法與意識上的刻意區別門戶，排擊宋學，必然會引起爭議。不過江藩編纂此書的目的，本意就是爲張大漢學，區別門戶，當然不可能接受龔氏的建議。」（上海：上海古籍出版社，2006年），頁30～33。

期乎勿失。西都儒士，開橫舍，延學徒，誦先王之書，被儒者之服，彬彬然有洙、泗之風焉。爰及東京，碩學大師賈、服之外，咸推高密鄭君，生炎漢之季，守孔子之學，訓義優洽，博綜群經，故老以爲前修，後生未之敢異。〔註24〕

推崇東漢經學大師鄭玄，稱其「守孔子之學，訓義優洽，博綜群經」，爲前賢後學所尊敬。江藩治學謹守漢學圭臬，不出訓詁名物範疇。

《漢學師承記》是書始成，龔自珍即遺書諍之，指出書名有「十不安」：

讀書實事求是，千古同之，此雖漢人語，非漢人所能專，一不安也。本朝自有學，非漢學，有漢人稍開門徑，而近加邃密者，有漢人未開之門徑，謂之漢學，不甚甘心，不安二也。瑣碎饾飣，不可謂非學，不得爲漢學，三也。漢人與漢人不同，家各一經，經各一師，孰爲漢學乎？四也。若以漢與宋爲對峙，尤非大方之言，漢人何嘗不談性道，五也。宋人何嘗不談名物訓詁，不足概服宋儒之心，六也。近有一類人，以名物訓詁爲盡聖人之道，經師收之，人師擯之，不忍深論，以誣漢人，漢人不受，七也。漢人有一種風氣，與經無異，而附於經。謬以禪竈、梓慎之言爲經，因以汩陳五行、矯誣上帝爲說經。《大易》、《洪範》，身無完膚，雖劉向亦不免，以及東京內學。本朝何嘗有此惡習，本朝人又不受矣，八也。本朝別有絕特之士，涵詠白文，創獲於經，非漢非宋，亦惟其是而已矣，方爲門户之見者所擯，九也。國初之學，與乾隆初年以來之學不同，國初人即不專立漢學門户，大旨欠區別，十也。〔註25〕

龔自珍嚴正駁斥，認爲清學既不同於漢學，也不同於宋學，以「漢學」之名概括清代學術，有以偏概全之疏失，因此，建議改爲《國朝經學師承記》較爲妥當。江藩《師承記》闡明漢學風潮的盛行，其後阮元《經籍纂詁》、《十三經注疏》、《皇清經解》等書陸續編纂，有利於漢學的推動。

二、漢、宋調和

乾嘉考據學發展到晚清，學術區域已擴展到江淮、京師以外的地區，包括浙江、廣東、福建、湖南、貴州、四川等省。這些省份在漢學興起之前，

〔註24〕〔清〕江藩：《漢學師承記》（臺北：臺灣商務印書館，1965年），卷1，頁1。
〔註25〕〔清〕龔自珍：〈與江子屏箋〉，《龔自珍全集》（上海：上海人民出版社，1975年），頁346～347。

在學術界盛行的是宋明理學，考據學不爲人注目。浙江漢學起步雖晚，但成就卓著，其學者一般持漢、宋兼采的態度，反對門戶之見，著名的學者有黃式三父子、俞樾、孫詒讓等，對漢、宋調和有推波助瀾的作用。因爲他們深受宋明理學的薰陶，又離不開詁經精舍的影響。阮元認爲：

> 兩漢名教得儒經之功，宋、明講學得師道之益，皆於周、孔之道得其分合，未可偏譏而互詆也。〔註26〕

在阮氏學術思想的影響下，精舍教導學生以漢學爲主，但不排斥宋學。晚清浙江治漢學者，或在精舍講學，或肄業其中，其中較有影響者，除黃氏父子外，還有俞樾、許宗彥、金鶚、徐養原等。錢穆說：

> 嘉道以來，學者自漢返宋，遂有鄭君、朱子並尊之論，儆居實導成之。……子以周、從子以恭，孫家岱，俱能傳業，東南稱經師者必首舉黃氏焉。〔註27〕

黃以周與俞樾、孫詒讓並稱爲晚清浙江三大漢學家。在南菁書院時，黃以周秉承詁經精舍之傳統，「以博文約禮、實事求是爲教。一時東南俊彥，著籍爲弟子者，先後達千餘人」〔註28〕。黃氏父子的學術思想在江浙的影響可想而知，促使更多的學者接受漢、宋調和思想。最後，嘉慶以降，儒學內部漢、宋兩派都不乏提倡漢、宋調和者，正如《清儒學案》所言：

> 道、咸以來，儒者多知義理、考據二者不可偏廢，於是兼綜漢宋學者，不乏其人。〔註29〕

由此可見，在晚清漢、宋調和思想興盛的過程中，漢學家的影響較宋學家更大，主要原因則在於漢學新擴展區域的學者們，不但主張漢、宋調和，且大力提倡並躬身實踐。中國經學整體的脈絡，在《四庫全書總目提要‧經部‧總敘》，有簡要之論述：

> 要其歸宿，則不過漢學、宋學兩家，互爲勝負。夫漢學具有根柢，講學者以淺陋輕之，不足服漢儒。宋學具有精微，讀書者以空疎薄之，亦不足服宋儒也。消融門戶之見，而各取所長，則私心袪而公理

〔註26〕〔清〕阮元：〈擬國史儒林傳序〉，《揅經室集》（上）（北京：中華書局，1993年），頁37。

〔註27〕錢穆：《《清儒學案》序》，《中國學術思想史論叢》（八）（臺北：東大圖書公司，1980年），頁385。

〔註28〕洪煥椿：《浙江文獻叢考》（杭州：浙江人民出版社1983年），頁250。

〔註29〕徐世昌等：〈心巢學案〉，《清儒學案》，卷180，頁6945。

出，公理出而經義明矣。蓋經者非他，即天下之公理而已。〔註30〕
說明經學本無漢、宋之分，所以不論漢學、宋學，本來即應摒棄門戶之見，
而取其所長。晚清學風轉變的主要內容表現，為今古文之爭的興起和漢、宋
學術的調和。〔註31〕對漢學的形成，當代和近代學者都有所分析。朱維錚（1936
～2012）認為，乾嘉之際的所謂漢學，「本指否定宋學、唐學而恢復賈、馬、
服、鄭一系的東漢經學。」〔註32〕清代的漢學不同於漢代的學術，而是以漢
代學術為研究對象的學問。

浙江學者「爭治考證」，所以考證只是一種經學研究方法，無漢、宋之分。
「漢學以治經為主。考經學之興，始於顧炎武（1613～1682）、張爾歧（1612
～1677）。」〔註33〕浙東學術是在阮元以後吸收了漢學，黃式三、黃以周治學
漢、宋兼采，表現最明顯，孫詒讓、章炳麟（1869～1936），也都不同程度受
到揚州學派的影響，重視語言文字的音韻訓詁。〔註34〕江藩《漢學師承記》，
以「各信師承，嗣守章句」，為兩漢學術的特色。近代經學家李源澄（1909～
1958）申述漢、宋本是兩途，專精各異曰：

> 鄭玄以禮學著，尤精於《儀禮》，賈公彥《疏》亦能發明經注，陳蘭
> 甫已言之。朱子注經，多異舊說，而為《儀禮經傳通解》，往往全錄
> 鄭、賈之文，蓋徵實之學，不可以理推求，必須有所本也。……元
> 敖繼公作《儀禮集說》，始改易鄭義。清褚寅亮作《儀禮管見》以申
> 鄭駁敖，《提要》稱敖書「逐字研求，務暢厥旨，實能有所發揮」，
> 可謂持平也。清人於《儀禮》所得獨多，張爾歧為《儀禮鄭注句
> 讀》，吳廷華為《儀禮章句》，張惠言為《儀禮圖》，凌廷堪為《儀禮
> 釋例》，胡培翬撰《正義》以集其大成。陳蘭甫論讀《儀禮》之法，
> 曰分節，曰繪圖，曰釋例。此三者，清儒已為之，故唐人以《儀禮》
> 為難讀，張之洞反謂《三禮》中《儀禮》最易治，則所遇之時異也。
> 龔先生湛深經學，尤精於《儀禮》，其《三禮述要》，條理分明，實

〔註30〕〔清〕永瑢、紀昀等撰：〈經部・總敘〉，《四庫全書總目提要》，卷1，頁54。
〔註31〕王惠榮：〈從晚清漢學區域之發展看漢宋調和〉（《安徽史學》，第2期，2010
年）。
〔註32〕朱維錚：《漢學師承記・導言》（北京：三聯書店，1998年），頁25。
〔註33〕劉師培：〈近儒學術統系論〉，《劉師培辛亥前文選》，頁157。
〔註34〕李江輝：《晚清江浙禮學研究》（西安：西北大學歷史學專業博士學位論文，
2007年），頁11。

治《儀禮》者所當先也。〔註35〕

可見清儒詳於名物訓詁，調和漢、宋，對《三禮》之注疏有頗多新解，嘉惠後代研讀《三禮》之學者，減少迂迴摸索之困境。漢學在晚清的發展不再以蘇、皖、京師爲限，浙江、廣東等省成爲新的學術重鎮。這些漢學新興發展區域，由於特定的學術背景與學術淵源，學者基本上都提倡漢、宋調和，從而對晚清漢、宋調和思潮的盛行，起了極大推動作用。〔註36〕晚清漢學家中提倡會通漢、宋最引人注目者，分別爲浙江定海的黃式三、黃以周父子和廣東的陳澧，他們都是晚清治漢學的代表人物。黃式三在《儆居集・經說三・漢宋學辯》中，論述漢、宋兼采之旨，云：

> 儒者無職，以治經爲天職，荀子所云「不求而得之，謂天職也。」
> 儒者誠能廣求眾說，表闡聖經，漢之儒有善發經義者，從其長而取
> 之；宋之儒有善發經義者，從其長而取之。各用所長，以補所短。
> 經學既明，聖道自著。經無漢、宋，曷爲學分漢、宋也乎！〔註37〕

黃以周在《經訓比義・敘目》亦云：

> 經者，聖賢所以傳道也。經之有訓詁，所以明經而造乎道也。儒者
> 手披口吟，朝夕無倦，孰不有志於聞道。顧或者辨聲音、定章句，
> 專求乎訓詁之通，而性命之精，仁義之大，一若有所諱而不言。言
> 之者，或又離訓詁以談經而經晦，離經以談道而道晦，甚且隱陋
> 乎。〔註38〕

綜合上述，可知黃氏父子說明漢學所長者，在於訓詁博通；宋學所勝者，在於義理精明。黃氏父子之學術理念，不在強立漢、宋門戶，力求融會考據、義理之長，而達漢、宋兼采之致。

〔註35〕李源澄著：〈論讀三禮〉，收入林師慶彰、蔣秋華主編：《李源澄著作集》（臺北：中央研究院中國文哲研究所，2008 年），頁 64～65。

〔註36〕王惠榮：〈從晚清漢學區域之發展看漢宋調和〉《安徽史學》，2010 年 1 月 3 日第 2 期）。

〔註37〕〔清〕黃式三：〈求是室記〉云：「余之家塾舊題『求是室』，所藏之書用『求是室藏書印』。丙申（道光十六年）後復題『晚儆居』之顏，而『求是室』之舊顏不廢焉。由今思之，前之所謂求是者，是耶，抑非耶？今有自知其非者矣，有前之非而不盡知者，不能強也。然則今之所謂是者，安知其實是？今之所謂非者，安知其眞非？天假我一日，即讀一日之書，而求其是。求之云爾，其是與非，俟後人定之，己不能定也。」《儆居雜著》，卷 4，頁 26。

〔註38〕〔清〕黃以周：〈敘目〉，《經訓比義》，卷首，頁 11。

第三節　晚清禮學思想探微

　　清代禮學研究成就最大的是安徽、江蘇、浙江一帶的學者。劉師培最為推崇的是皖派和揚州學派的學者，並且指出二派的密切關係，從江永到戴震，是皖派禮學發展的高峰，而揚州的阮元等均從戴震問學，所以揚州地區的禮學研究，實際上是與皖派的禮學一脈相承。〔註39〕晚清禮學研究以揚州、浙東、常州為中心，各有特色，既繼承了前輩學者的學術風格，又能充分體現晚清社會帶給學術研究的時代烙印，即以學術經世致用，以學術挽救人心。他們的禮學思想和禮制研究是對清代乃至整個禮學史的系統總結，為近代中國學術發展掃清了障礙，奠定了堅實的基礎。晚清江浙三大學派禮學研究中所表現出的繼承性、複雜性和時代性，反映出晚清學術的真實面貌，也預示了近代中國學術發展的多元化趨勢。〔註40〕

一、晚清禮學著作概述

　　晚清學者的禮學研究，承襲清代中葉以來的說釋禮義、考證禮制傳統，以徽歙、江浙等地為主，其中又以浙江學者黃式三、黃以周父子博綜群經，學術上以禮為依歸。黃式三所著〈復禮說〉、〈崇禮說〉、〈崇禮說〉等論「禮」之文，會通「禮、理」之說，發展戴震、凌廷堪、阮元等人重釋儒學的路向。而黃以周《禮書通故》和孫詒讓《周禮正義》為著名之禮學著作。茲概述黃式三與孫詒讓之禮學著作，如下：

（一）黃式三〈復禮說〉、〈崇禮說〉、〈約禮說〉

　　黃式三推崇禮學，對古代禮制，如郊禘、宗廟、學校、明堂、宗法均有研究，他認為禮學是踐履聖人之道的途徑。其云：

> 禮也者，制之聖人，而秩之自天。當民之初生，禮儀未備，而本於性之所自然，發於情之不容已，禮遂行於其間。……孔聖言「克己復禮為仁」，復禮者，為仁之實功也，盡性之實功也。〔註41〕

君子「復禮」是踐履儒家德性修養的有效途徑，窮理盡性與克己為仁，均需以「復禮」為依歸。禮，乃是聖人順應人性發展而作，並舉孔子所謂：「克己復禮為仁」之說，來教導人民如何行仁盡性。其云：

〔註39〕李江輝：第二章〈晚清江浙學派與禮學〉，《晚清江浙禮學研究》，頁21。
〔註40〕同上注：〈摘要〉，頁2。
〔註41〕黃式三：〈復禮說〉，《儆居集‧經說一》，頁16。

> 君子崇禮，以凝道者也。知禮之爲德性也而尊之，知禮之宜問學也
> 而道之。道問學，所以尊德性也。……後世君子外禮而內德性，所
> 尊或入於虛無；去禮而濫問學，所道或流於支離，此未知崇禮之爲
> 要也。不崇禮，即非至德，何以能凝至道？〔註42〕

君子「崇禮」，才能彰顯道德仁義。如果不以禮學作爲尊德性和道問學的指
針，則所學將支離破碎，而無法佈乎四體，進而形乎動靜。其云：

> 禮一也，分顯微而二之，文與禮二也。以禮之顯者爲文而一之，其
> 所謂理，誰能明之乎？……君子博文約禮，存不敢自是之心，而篤
> 於求是者也。〔註43〕

說明禮包括禮義與禮文兩部分，含蘊顯微二方面，顯者指禮文，微者指禮義，
二者須相輔相成，如此禮之威儀法則，方可推展。

黃式三雖重禮，卻質疑「以禮代理」〔註44〕之說。在〈約禮〉云：

> 「聖學禮也，不云理也。」此因儒者舍禮言理，指心之微而難見者，
> 以爲幽眇，有激而言，矯枉過正。〔註45〕

指出凌廷堪將凡言「理」者，皆歸入玄虛幽眇之談，實爲矯枉過正。俞正燮
評論黃式三謂：「約禮學微，心理教起，今日不可無此文。」〔註46〕可見黃氏
「禮、理」之辨，是學術界關注較多之議題。

（二）孫詒讓《周禮正義》

孫詒讓推重乾嘉學者治經，以考據學入手。在〈札迻序〉云：

> 年十六、七，讀江子屛《漢學師承記》及阮文達所集刊《經解》，始
> 窺國朝通儒治經史小學家法。〔註47〕

在〈答日人館森鴻〉云：

> 我朝乾嘉以來，此學大盛，如王石臞先生念孫及其子文簡公引之之
> 於經、子，段若膺先生玉裁之於文字訓詁，錢竹汀先生大昕、梁曜

〔註42〕 黃式三：〈崇禮說〉，《儆居集·經說一》，頁18。

〔註43〕 黃式三：〈約禮說〉，《儆居集·經說一》，頁15。

〔註44〕 〔清〕凌廷堪〈復錢曉徵先生書〉：「道無跡也，必緣禮而著見，而制禮者以
之；德無象也，必借禮爲依歸，而行禮者以之。」見《校禮堂文集》（北京：
中華書局，1998年），卷24，頁333。

〔註45〕 同注41，頁16。

〔註46〕 同注41，頁17。

〔註47〕 〔清〕孫詒讓撰，梁運華點校：〈札迻序〉，《札迻》（北京：中華書局，1989
年），頁1。

北先生玉繩之於史，皆專門樸學，擇精語詳，其書咸卓然有功於古
籍，而詒讓自志學以來，所最服膺者也。〔註48〕

可見孫詒讓深受乾嘉學者以考證治經的影響，其撰寫《周禮正義》亦依據此
種方法以完成。其在〈周禮正義序〉云：

> 既長，略窺漢儒治經家法，乃以《爾雅》、《說文》正其詁訓；以《禮
> 經》、《大小戴記》證其制度，研撢糾載，於經注微義，略有所窺。
> 竊思我朝經術昌明，諸經咸有新疏，斯經不宜獨闕。遂博採漢、唐、
> 宋以來，迄於乾嘉諸經儒舊詁，參互證繹，以發鄭《注》之淵奧，
> 裨貫《疏》之遺闕。〔註49〕

孫詒讓指出《周禮》中有頗多典章制度，語焉不詳。而鄭玄《注》簡奧，賈
公彥《疏》疏略。因此，決定博採漢、唐、宋以來之古義古制，疏通證明，
校之舊疏，爲《周禮》做新疏。《周禮正義》是孫詒讓一生用力最久最深的著
作，根據梁啓超敘述，孫詒讓費二十年工夫完成《周禮正義》八十六卷，這
部書可算清代經學家最後的一部書，也是最好的一部書。〔註50〕

二、晚清禮學辨正概述

晚清江浙學者對於《三禮》文獻的形成、傳承過程的研究，都能嚴守治
經之方法。他們不論是何種立場，都十分重視對前人在這一問題上的研究成
果，進行總結和評析，使得歷史上各家各派觀點的合理或失誤，清楚的展現
出來，並能找出失誤的原因，比前代學者的研究更加審慎，在此基礎上，提
出了自己的觀點。例如關於《周禮》的成書，眾說紛紜，有的以爲是周公致
太平之跡，有的以爲是末世瀆亂不驗之書，幾乎無人能夠眞正拿出令人信服
的證據。

皮錫瑞在《經學通論》一書中提出：「論《周禮》爲古說，《戴禮》有古
有今當分別觀之，不可合併爲一。」的說法，他認爲：

> 漢今文立學，古文不立學，沿習日久，遂以早出立學者爲今文，晚
> 出不立學者爲古文，許慎《五經異義》有古《周禮》說今禮戴說，

〔註48〕〔清〕孫詒讓撰，張憲文輯：《孫詒讓遺文輯存》（溫州：浙江人民出版社，
　　　　1990 年 5 月，《溫州文史資料》，第 5 輯），頁 159。此書信孫氏寫於光緒 33
　　　　年 9 月 16 日，輯自《經微室遺集》稿本，卷 6。
〔註49〕〔清〕孫詒讓撰，王文錦、陳玉霞點校：〈周禮正義序〉，《周禮正義》，頁 4。
〔註50〕梁啓超撰：〈清代學者整理舊學之總成績〉，《中國近三百年學術史》，頁 263。

或云：今大戴禮說，或云：戴禮戴說，其中亦有大小戴所傳十七篇
禮經之說，非盡大戴《禮記》、小戴《禮記》也，十七篇禮之說，
不盡今文，近人分別十七篇經，是古文說，經中之記，是今文說，
而十七篇經文又有今古文之分，鄭君傳云：玄本習小戴禮，後以
古經校之，是小戴所傳十七篇禮，當時通行字皆今文，鄭以古經之
字校之，取其義長者從之，故鄭注十七篇，或經從今，則注云古文
某爲某，或經從古，則注云今文某爲某，詳見胡承珙《儀禮》禮古
今文疏義，此特即其古今文字傳本不同者言之，非必義說之全異
也。〔註51〕

皮錫瑞學術造詣較深，融會諸家之長，早年治經不分今、古，而推重鄭玄。
葉德輝說，自漢以來，「傳孔子之道者有四學，四學者今文學、古文學、鄭氏
學、朱子學」，而「好學深思，邃於經術」的皮錫瑞於「四者皆融洽而貫通之。」
〔註52〕不過，皮氏治學的立足點是經世致用和微言大義。在他看來，漢、宋
本來同源，清代漢學起源於宋學。

　　而黃以周、孫詒讓對《周禮》名物制度的詳細考證，基本可以斷定是秦、
漢變革之際學者所著，所記名物制度既有對秦、漢以前的總結，也包含了構
建儒家社會的理想，非先秦以前之人所能完成，全書體系龐大、結構嚴謹，
也不像是經過太多人長期的增改而成。因此，近代經學家李源澄（1909～1958）
研讀《周禮》云：

清儒《周禮》之學，以孫詒讓集其大成，學者推爲清代新疏之冠，
非虛美也。以言乎《周官》制作之精意，則宋儒爲不可廢。王安石
《新義》而外，其著者，若宋鄭伯謙之《太平經國之書》、葉時之《禮
經會元》、不著撰人之《周禮集說》諸書，皆學者所宜致力。〔註53〕

清末孫詒讓的《周禮正義》，吸收唐、宋、元、明、清諸儒的精華，折中貫通
諸家之長，成爲清儒注解《周禮》新疏中，最受推崇的著作。清代禮學的研
究以考證爲基礎，以經世爲目標，體現出考經求禮、循器明禮、以情釋禮、
因事研禮的特點。禮學家們藉考證以明禮意、達人情、經世用，使禮學在清

〔註51〕皮錫瑞：〈三禮〉，《經學通論》（北京：中華書局，1954年10月），頁53。

〔註52〕葉德輝：《六藝論疏證序》，見皮錫瑞《六藝論疏證》，光緒己亥年思賢書局
　　　　刊，《師伏堂全書》本。

〔註53〕李源澄著：〈論讀三禮〉，收入林師慶彰、蔣秋華主編、黃智明、袁明嶸編輯：
　　　　《李源澄著作集》一（臺北：中央研究院中國文哲研究所，2008年），頁66。

代達到了一個鼎盛的局面。〔註54〕孫詒讓爲學承乾嘉考據之風，《周禮正義》
是疏證周代官制的書，解釋《周禮》最精審詳備，是清人諸經新疏中最晚出
而成就最高的學術巨著，堪稱有清一代箋注《周禮》典範之作。

小　結

　　錢穆在《清儒學案·序》中指出：「抑學術之事，每轉而益進，途窮而必
變。」〔註55〕的確，學術思想的傳承與演變是與時俱進，但其中的思想內涵
和關注的問題，必然有內在的聯繫和沿革。晚清江浙禮學源遠流長，隨著時
代的變遷，政治的更迭，而呈現出不的風貌。黃以周、孫詒讓一方面傳承前
輩學者的學術風格，一方面因應時代的變遷而有創新發展，「漢、宋兼采」、「經
世致用」的學術主張，彰顯在晚清「以學術挽救人心」的禮學思想上。經由
他們的努力，使得晚清禮學思想大放異彩。

〔註54〕劉永青：〈清代禮學研究的特點〉，《齊魯學刊》，第 6 期，2008 年。
〔註55〕錢穆：〈《清儒學案》序〉，《中國學術思想史論叢》（八）《中國學術思想史論
　　　叢》，頁 366。

第三章　黃以周生平及其著作

　　黃式三、黃以周父子，世代治經被譽爲浙東通儒。在晚清的學術史中，定海黃氏父子並以學術道義卓然有成，《清史稿》稱讚他們「博綜群經」，「博文約禮，實事求是，道高而不立門戶」。〔註1〕知人論世，探賾其學術脈絡〔註2〕，茲概述黃以周生平傳略與學思歷程如下：

第一節　黃以周生平傳略

　　黃以周父式三（1789～1862），字薇香，號儆居，治學不立門戶，會通漢、宋，兼明史法，爲嘉慶、道光時浙東通儒，著述極豐，後人輯爲《儆居遺書》〔註3〕。黃以周，黃式三的第三子，祖籍浙江定海紫微，本名元同，後改名以周，以元同爲字，號儆季，晚號哉生。〔註4〕生於道光八年（1828）六月，年十二，遭鴉片戰爭、英軍攻打定海，隨父一度遷居鎮海。〔註5〕黃以周少承父

〔註1〕趙爾巽等：〈黃式三傳〉，《清史稿》，卷269，頁13296。
〔註2〕黃父子生平事蹟，詳參〔清〕黃以周〈先考明經公言行略〉、〔清〕繆荃孫（1844～1919）〈中書銜處州府學教授黃先生墓誌銘〉、章炳麟〈黃先生傳〉及唐文治〈黃元同先生學案〉（唐文稱王兆芳嘗撰以周行狀，未見）。以上資料並錄於王逸明：《定海黃式三黃以周年譜稿》。
〔註3〕《儆居遺書》，有清同治十二年至光緒十四年浙江書局刊本，又有黃氏家塾刊本。
〔註4〕趙爾巽等：〈黃式三傳〉，《清史稿》，卷269，頁13297。
〔註5〕〔清〕黃以周：〈重刻繆公遺忘錄敘〉云：「自昔定海舊治在今之鎮海蛟門，康熙初展復舟山分爲二縣，乃以鎮海名舊治，而以舊名名新縣，重其地也。」見〔清〕黃以周撰：《儆季文鈔》（清光緒乙未（1895）南菁講舍刊《儆季雜著》本），卷2，頁26。

教，以傳經自任。同治九年（1870）中舉〔註6〕，後得教職，補分水縣學訓導。光緒五年（1879），受寧紹臺道宗源翰（1834～1897）邀請，主持寧波辨志精舍。宗源翰以循吏稱，獨嚴事以周。以周曾欲效仿鄒、魯舊禮，畫古宮室爲圖以備營造，源翰恐舊禮難行，勸之乃罷。後又以薦舉得中書銜，特旨升用處州府學教授。光緒九年（1883），爲江蘇學政黃體芳（1832～1899）延就江陰南菁書院，任山長，主講十五年。〔註7〕培養了近千名弟子，其中的許多弟子成爲中國近現代政治、學術、教育領域的傑出人物，如林頤山曾繼其師主講南菁書院，宣統初聘任禮學館纂修；張錫恭長於《三禮》，晚聘任禮學館纂修；陳慶年爲學期於通經致用；曹元忠長於考證、辭章，尤擅長目錄、校勘之學；唐文治創辦上海南洋公學，繼而出使日、英，後奉派任上海高等實業學堂校長。〔註8〕黃以周所著書以《禮書通故》一百卷，爲生平精邃之作，張舜徽（1911～1992）譽之「足當體大思精四字，爲自來學者所未有」。〔註9〕章炳麟《黃以周先生傳》云：

> 先生少承父業，以傳經明道爲己任，言著書當質鬼神俟後聖，年十九爲《十翼後錄》，非其至也，同治九年中式浙江鄉試，明年會試謄錄，期滿當得知縣，不就，又十年以教職用。〔註10〕

《清史列傳・儒林傳》云：

> 生平以明經傳道爲己任，辨虛無，辨絕欲，而以執一端立宗旨爲賊道。鎮海胡洪安悅象山之言，與以周縱言義理，以周曰經外之學，

〔註6〕 此據繆荃孫〈中書銜處州府學教授黃先生墓志銘〉，見《續碑傳集》，卷75，收入《清碑傳合集》（上海書店影印本，1988年）。另有一說云：「同治八年中式浙江舉人」，見吳承仕爲黃以周《周易故訓訂〈上經〉》一書所撰《提要》，《續修四庫全書總目提要・經部》（北京：中華書局，1993年），頁165。

〔註7〕 〔清〕黃以周：〈南菁文集敘〉云：「凡文之不關經傳子史者黜不用，論之不關世道人心者黜不用，好以新奇之說、苛刻之見自炫而有乖經史本文事實者黜不用。」見〔清〕黃以周撰：《儆季文鈔》，卷2（清光緒南菁書院原刻儆季雜著五種本），卷2，頁22。

〔註8〕 參見徐世昌等編纂：〈儆居學案下〉，《清儒學案》，卷154，頁6008～6020；王逸明：《定海黃式三黃以周年譜稿》，頁62～64。

〔註9〕 張舜徽〈浙東學紀〉云：「當時俞樾爲《禮書通故》撰序，稱其『不墨守一家之學，綜貫群經，博采眾論，實事求是，惟善是從。洵足究天人之奧，通古今之宜。』」見張舜徽《清儒學記》（武漢：華中師範大學出版社，2005年），頁195。

〔註10〕 章太炎〈黃以周先生傳〉，收入汪兆鏞纂錄：《碑傳集三編》（臺北：明文書局，1985年），頁139。

非所知也。江蘇學政黃體芳聘主南菁講舍凡十五年，又兼課寧波辨志精舍諸生經，成就甚眾。晚以子思承孔聖以啟孟子，著《子思子輯解》七卷，舉子思所述夫子之教，必始詩書而終禮樂，及所明仁義爲利之說，謂其爲傳授之大旨。書成，年六十九矣。〔註11〕

由上述，可見黃以周一生澹泊名利，專力於治學與講學，雖未曾擔任高官，但淵博之學識備受當代學術界重視，晚年以教職講學爲業，曾受聘於江蘇學政黃體芳建立的南菁書院講學，並在宗源瀚建立於寧波的辨志精舍講學，在辨治精舍期間，專課經學，著錄弟子有千餘人，江南諸高材生多出其門。課餘之暇，仍著述不輟，晚年雖疾病纏身，仍在六十九歲勉力完成《子思子輯解》一書。計其一生撰著，從十九歲寫成的《十翼後錄》開始，有《古文世本》、《軍禮司馬法考徵》二卷、《禮書通故》一百卷、《儆季雜著》二十二卷〔註12〕、《經訓比義》三卷、《黃帝內經集注》九卷、《子思子輯解》七卷等，至於其他考校的子、史更多，重要的有《晏子春秋校勘記》二卷，《續資治通鑑長編拾補》六十卷等，其書絕大多數由南菁講舍在光緒年間刻出。光緒戊戌（1898）辭去教職至江陰，歸隱於仁和半山之下，卒於光緒己亥（1899）十月十七日，享年七十有二。〔註13〕

第二節　黃以周之交遊

根據《清儒學案》所記載儆季之交遊，有俞樾、李慈銘（1830～1895）、譚獻（1832～1901）、孫詒讓、張文虎（1808～1885）、朱一新（1846～1894）、陶方琦（1845～1884）、王繼香（生卒年不詳）、虞景璜（1862～1893）等，皆互有交遊論學。〔註14〕茲概述黃以周交遊論學之情形如下：

〔註11〕〔清〕國史館編、王鍾翰點校：〈黃式三子以周〉，《清史列傳》（北京：中華書局，1987年），卷489，頁5663～5664。

〔註12〕計有《禮說》六卷、《群經說》四卷、《子敘》一卷、《史說略》四卷、《文鈔》六卷，臺灣所見《儆季雜著五種》本有光緒二十年甲午（1894年），光緒二十一年乙未刻本，俱爲南菁講社所刻。

〔註13〕徐世昌等編纂：《清儒學案‧儆居學案下》引繆荃孫撰〈墓誌〉：「先生南菁書院講席凡十五年，江南諸高材生多出其門。嘗語門弟子曰：『前代之黨禍可鑒也。』光緒戊戌，去江陰，歸隱於仁和半山之下，尋卒。」，卷154，頁5996。

〔註14〕徐世昌等編纂：〈黃先生以周〉，《清儒學案‧儆季交遊》，卷154，頁6020。

一、俞樾

俞樾，字蔭甫，德清人，生於清道光元年（1821），較黃以周年長七歲。道光三十年（1850）進士，改庶吉士，授翰林院編修。同治五年（1866），簡放江南學政。七年（1868），以御史曹登庸劾割裂試題罷職。樾歸後，僑居蘇州，主講蘇州紫陽、上海求志各書院，而主杭州詁經精舍三十餘年，最久。生平專意著述，卷帙繁富，而《群經平議》、《諸子平議》、《古書疑義舉例》三書，尤能確守家法，有功經籍。其治經以高郵王念孫、引之父子為宗。謂治經之道，大要在正句讀、審字義、通古文假借，三者之中，通假借為尤要。王氏父子所著《經義述聞》，用漢儒「讀為」、「讀曰」之例者居半，發明故訓，是正文字，至為精審。湛深經學，律己尤嚴，篤天性，尚廉直，布衣蔬食，海內翕然稱曲園先生。光緒三十二年（1906）卒，年八十有六。〔註15〕

《清史稿·儒林傳》云：「俞樾主杭州詁經精舍三十餘年，最久。課士一依阮元成法，游其門者，若戴望、黃以周、朱一新、施補華、王詒壽、馮一梅、吳慶坻、吳承志、袁昶等，咸有聲於時。」將黃以周列為「曲園弟子」〔註16〕，而《清儒學案·儆居學案》〔註17〕將俞樾列為黃以周的交遊。黃以周弟子唐文治（1865～1954）在〈黃元同先生學案〉中指出：

> 俞蔭甫先生主構杭州詁經精舍，先生上書自言其志，頻獻所著以就
> 正俞先生，優禮答之，不敢以師自居也。〔註18〕

足證二人開始交往，是由於俞樾主持杭州詁經精舍時，兼主杭州浙江書局。而當時黃以周正任職於浙江書局，因此，黃以周〈上俞蔭甫先生書〉云：

> 周檮昧不才，妄自撰述，懼見怪于當世，輒藏棄之，不示人。今年
> 四十矣，恐以痼蔽，終身無發矇日，幸遇有道，敢不就正，所呈《禮
> 經通詁》（按此書後改名為《禮書通故》）兩冊，覬求指示紕繆，俾
> 得改正。果蒙惠教，周將執弟子禮，奉全書以拜門下。〔註19〕

將所著《禮書通故》兩冊呈送給俞樾批閱指教，俞樾亦賜書獎掖，黃以周〈答

〔註15〕趙爾巽等撰：《清史稿》，列傳 269，卷 489，頁 11122～11123。

〔註16〕同上注，頁 11122～11123。

〔註17〕同注 14，頁 6020。

〔註18〕唐文治：《茹經堂文集》，頁 127。

〔註19〕〔清〕黃以周：〈上俞蔭甫先生書〉，轉引自唐文治：〈著作概略〉云：「謹案
此書載入蔭甫先生所刊袖中書中，先生生平著作梗概廥具於是矣。」見唐文
治：《茹經堂文集》，頁 131～132。

俞蔭甫先生書〉云：

> 前月謹呈拙作《禮故》兩冊，懇求指示紕繆，賜書獎掖過實，非所
> 敢當。批駁若干條，切中是書之失，於啓蟄之郊，論之尤詳。以周
> 何敢自護前非，囂囂致辨，如顧千里之於段懋堂也？〔註20〕

黃以周與俞樾書信往返，請益切磋，而虛心受教。之後俞樾為黃以周《禮書
通故》作序曰：

> 曾以所撰《禮書通故》數冊示余，余不自揣，小有獻替。至今歲，
> 又以數巨編來，則斐然成書。又得見其十之六七。而余精力衰頹，
> 學問荒廢，流覽是書，有「望洋向若而嘆」而已。承不鄙棄，問序
> 於余，余何足序此書哉。惟禮家聚訟，自古難之。君為此書，不墨
> 守一家之學，綜貫群經，博采眾論，實事求是，惟善是從……，至
> 其宏綱巨目，凡四十有九。洵足究天人之際奧，通古今之宜。視秦
> 氏《五禮通考》博或不及，精則過之。」〔註21〕

由此可知，俞樾非常推崇黃以周《禮書通故》一書，謂其能貫通群經，採集
諸家學說，講求考據，且能擇善而從。

二、黃以恭

　　黃以恭（1828～1882），字質庭，儆居從子。光緒乙亥（1875）舉人。幼
慧，讀經能知大義，長好博覽，力益敏。雪鈔露纂，所書字如蠅頭，稿積尺
餘，自以為不足傳，旋棄之。既專志於《尚書》，上參《史》、《漢》、馬、鄭
之義蘊，下拾王、江、段、孫之義證，而以其伯父之說為依歸，作《尚書啟
蒙疏證》二十八卷。既又專志於《毛詩》，別《傳》、《箋》之異同，而務求合
於本經，間下己意，不拘守於毛、鄭，作《讀詩管見》十二卷。〔註22〕黃以
恭之治學之態度，深受伯父黃式三之影響。

　　黃以恭是黃以周的堂兄，兩人從小即一起向黃式三學習。及長，因家鄉
定海受英軍侵略，黃式三攜黃以周避走鎮海，才分居二地。黃以周於〈愛經
居雜著敘〉云：

> 二十一年，定海遭兵燹，吾先考挈家眷避鎮海。自此遂與兄長別
> 離。……時兄居海之東，我居海之西，相去百數十里。約兄作經課，

〔註20〕　〔清〕黃以周：〈答俞蔭甫先生書〉，《儆季文鈔》，卷3，頁1。
〔註21〕　〔清〕黃以周撰、王文錦點校：〈俞樾序〉，《禮書通故》，頁2。
〔註22〕　徐世昌等編纂：〈黃先生以恭〉，《清儒學案‧儆居學案下》，卷154，頁5996。

月必各寄文互相質。集中有與吾雜著文同題者，皆此時作也。而兄自以為未足，凡我有所纂述，兄必取而錄之。兄之作，我時好之，不克錄，是我不及兄之勤。……廳（定海）同知某耳吾兄弟名，邀同修志。吾時仍在書局，往返其間，吾兄弟得聚首者又二年。〔註23〕

黃以周於《光緒定海廳志》云：

光緒乙亥年，（以恭）以拔貢生領鄉薦，就禮部，試不售，歸理舊業，益恣志於詩古文，所著《愛經居集》，多雅潔之作。晚應聘修廳志，刊舊編新，不辭勞瘁，〈大事志〉諸篇，大半出其手，辭簡事詳，尤得史體，為學使者霽亭張公所擊賞。《廳志》刊未及半，而疾亟，猶拳拳以馬焉互誤為己憂。同事者哀其志，爰附於諸傳之後。〔註24〕

黃以周與堂兄黃以恭，自幼一起學習，因故鄉遭兵燹而分離，兩人仍以書信互相砥礪，品評論文。為修纂《光緒定海廳志》，兩人得以再聚首共事，足證兩人之情誼深厚。

三、李慈銘

李慈銘，初名模，字式侯，後更名慈銘，字愛伯，號蓴客，會稽人。生有異才，長益覃思劬學，於書無所不窺。初官戶部郎中，光緒庚辰（1880）成進士，歸本班補官，後遷御史。數上封事，洞中利弊，不避權要。甲午（1894）夏，中、日啓釁，敗聞日至，感憤咯血而卒，年六十六。〔註25〕慈銘為文，沉博絕麗，詩尤工，自成一家。性狷介，又口多雌黃。服其學者好之，憎其口者惡之。日有課記，每讀一書，必求其所蓄之深淺，致力之先後，而評騭之，務得其當，後進翕然大服。著有《越縵堂文》十卷，《白華絳跗閣詩》十卷、詞二卷，又日記數十冊。〔註26〕

王逸明《定海黃式三黃以周年譜稿》記載，同治六年（1867），李慈銘曾與黃以周在浙江書局一同校勘古籍。〔註27〕在《越縵堂讀書記》中，李慈銘

〔註23〕〔清〕黃以周：〈愛經居雜著敘〉，《儆季文鈔》，卷2，頁17～18。
〔註24〕〔清〕陳致馴、陳重威、黃以周修纂：《光緒定海廳志》，頁99～100。
〔註25〕徐世昌等編纂：〈李先生慈銘〉，《清儒學案・越縵學案》，卷185，頁7143。
〔註26〕《清史稿》，卷486，頁11224～11225。
〔註27〕王逸明：《定海黃式三黃以周年譜稿》：「浙江書局又名杭州書局，同治六年，浙江巡撫馬新貽奏設於杭州小營報恩寺。光緒間，擴大規模，遷至正中巷三忠祠，而以原址為官書坊。擔任校勘者有譚獻、黃以周、李慈銘、張鳴珂等。」，頁48。

曾經評論過黃以周《儆季雜箸》云：

> 定海黃元同秀才，《儆季雜箸》兩冊，稟本未成，多所塗改，中皆考
> 據之作，實事求是，多前賢所未及。……聞其書皆已成，洵一時之
> 樸學矣。……儆季稟承家學，自己酉落解後，窮經十年，不應試。
> 近寓湖上，肄業詁經精舍中，聞今年可得優貢，浙東經生，蓋無與
> 比以竝世，二百里內之人，姓名泯然，無人樂道，可謂不求聞達者
> 矣。〔註28〕

由上述可知，李慈銘嘉許黃以周的著作「實事求是」以及為人「不求聞達」，
足證兩人的交誼非淺，且兩人曾經於浙江書局共事，在學術、文章上，也互
有往來。

四、譚　獻

　　譚獻，字仲修，仁和人。同治丁卯（1867）舉人。少負志節，學有體用，
又通知時事。於古今治亂，天下得失，如指諸掌。國家大政制、大典禮，能
講求其義。博通羣籍，原本經訓。治經必求西漢諸儒微言大義，不屑屑章句。
讀書日有程課，舟車南北，及在官退食，未嘗一日輟。凡所論述，隳括於所
為《日記》，有《復堂類集》。〔註29〕又工詞，與慈銘友善，相唱和。官安徽，
知歙、全椒、合肥、宿松諸縣。晚告歸，貧甚。張之洞延主經心書院，年餘
謝歸，卒於家。〔註30〕

　　譚獻與黃以周、李慈銘同樣任職於浙江書局。譚獻曾為黃以周的父親黃
式三作傳。〔註31〕譚獻在《復堂日記》亦有提及：

> 閱定海黃薇香先生《儆居集》稿本，元同（黃以周字）上舍之先德
> 也，海濱力學，窮經菲史，可謂後人。〔註32〕

而黃以周在〈與譚仲修書〉中，亦言及與譚獻之交誼：

> 秋試榜揭，多士忭舞。兩浙骨董，搜羅殆盡。以周蒲柳弱質，長棄

〔註28〕〔清〕李慈銘：《越縵堂讀書記》（臺北：世界書局，1961 年），頁 1232～
　　　　1233。
〔註29〕徐世昌等編纂：〈譚先生獻〉，《清儒學案・曲園學案》，卷 183，頁 7093～
　　　　7094。
〔註30〕《清史稿》，卷 486，頁 11225。
〔註31〕〔清〕譚獻：〈黃先生傳〉，收錄於〔清〕繆荃孫編：《續碑傳集》（臺北：文
　　　　海出版社，《近代中國史料叢刊》第九十九輯，1973 年），頁 18。
〔註32〕同注 27，頁 48～49。

海濱，亦固其所。而南皮張公（張之洞），猶垂念及以周，是何多情
也。吾兄（譚獻）湛深小學，時抒特見。〔註33〕

由以上引文可知，彼此間雖然是簡短之問候信，但二人長期共事於浙江書
局，譚獻為黃以周之父親黃式三作傳，則兩人之交遊，深厚情誼應是不言而
喻。

五、胡培繫

胡培繫，字子繼，繩軒之孫，於竹村（胡培翬）為從昆弟，貢生，官寧
國府教諭。生平沈浸《三禮》。因竹村之志，補著《儀禮宮室提綱》及《燕
寢考補圖》，又有《大戴禮記箋證》、《皇朝經世文續鈔》〔註34〕等與禮相關之
著作。

黃以周曾與胡培繫有書信往來，〈復胡子繼書〉云：

子繼仁兄閣下，睽違教益，十易寒暄。以我時思君，知君亦時思我
也。國朝禮學，首推君家。頃接尊翰，知哲嗣詒孫以商籍入錢塘學。
績溪之教，流入浙西，吾浙與有光焉。曩者同事諸公，衰衰出山，
弟株守此席，所著《禮書通故》，至今尚未脫稿，歲月蹉跎，難為知
己者告。〔註35〕

由上述引文，「十易寒暄」逆推之，則黃、胡交往應始於「同治六年（1867）」
〔註36〕。胡培繫與其從兄胡培翬，在清代均以禮學著稱，而黃以周與胡培繫
之交往，亦是建構在禮學上，並藉互贈書籍而切磋。

六、孫詒讓

孫詒讓，字仲容，號籀廎，瑞安人。同治丁卯（1867）舉人，官刑部主
事。淡於榮利，家居著述。光緒中，以經濟特科徵，不赴。禮部奏徵為禮學
館總纂，亦不赴。籀廎學承永嘉，而所致力則近亭林。博治群籍，咸有述
造，其專心尤在《周禮正義》一書。先是浙江為《三禮》之學者，有秀水盛
世佐、烏程沈夢蘭、臨海宋世犖，至籀廎而集其成。先生少承家學，與父執
諸耆碩遊。初讀《漢學師承記》及《皇清經解》，漸窺通儒治經史小學家法，

〔註33〕〔清〕黃以周：〈與譚仲修書〉，《儆季文鈔》，卷3，頁3。
〔註34〕徐世昌等編纂：《清儒學案・樸齋學案》，卷94，頁3820。
〔註35〕〔清〕黃以周撰：〈復胡子繼書〉，《儆季文鈔》，卷3，頁7。
〔註36〕王逸明：《定海黃式三黃以周年譜稿》，頁47。

謂：「古子群經，有三代文字之通假，有秦、漢篆隸之變遷，有魏、晉正草之混淆，有六朝、唐人俗書之流失，有宋、元、明校讎之屬改，匡違捃佚，必有誼據。」〔註37〕

　　根據王逸明《定海黃式三黃以周年譜稿》記載：

> 同治六年，以周與詒讓同應鄉試，後同治十年，詒讓在京師，以周嘗赴禮部試，或有會晤。本年詒讓父孫衣言奉命領浙江書局，當與以周有所交往。〔註38〕

由此可知，黃以周與孫詒讓，二人確實有交往。

七、虞景璜

　　虞景璜，字澹初，鎮海人。光緒壬午（1882）舉人。性清浚，不爲苟同。論學以經爲歸，經學以《禮》爲本。著有《三古異同錄》、《傳經興廢攷》、《澹園雜著》等。〔註39〕虞景璜平日教人經學、禮學之旨：

> 孔子論治天下國家有九經，極之，柔遠人，懷諸侯，而必推本於修身，曰非禮不動。其三百三千，載於《禮經》者無論矣。……而讀之，實足爲事父事君之助。則所謂經者，無非言禮之書也。踐之爲理學，發之爲經濟，藉以明其道，爲詞章，一以貫之矣。若學不宗經，則是數者舉無所附。世之治經者，纖悉苛細，競立異同，以名於世，而經學壞，經學壞而人心、風俗胥受其害。〔註40〕

虞景璜認爲禮學，是經邦濟世與修己治人之根源。《清儒學案·儆居學案》云：

> 儆季爲禮經大師，年差長，先生事之師友之間。後生有儆其行者，人輒目之曰「黃、虞禮法」。〔註41〕

黃以周與虞景璜二人均重視禮學，二人之間有亦師亦友之情誼。

　　《清儒學案·儆居學案下》所記載儆季之交遊，除上述俞樾、李慈銘、譚獻、孫詒讓、虞景璜諸人名外，另有張文虎（1808～1885），交往事蹟，可

〔註37〕徐世昌等編纂：〈孫先生詒讓〉，《清儒學案·籀廎修學案》，卷192，頁7397～7398。

〔註38〕王逸明：《定海黃式三黃以周年譜稿》，頁47。

〔註39〕徐世昌等編纂：《清儒學案·儆居學案》，卷154，頁6021。

〔註40〕同上注，頁6021～6022。

〔註41〕徐世昌等編纂：〈虞先生景璜〉，《清儒學案·儆居學案下》，卷154，頁6021～6022。

參見王逸明《定海黃式三年譜稿》，光緒十年「南菁書院正式開課，黃體芳聘以周接替張文虎出任南菁院長、主講經學。〔註42〕。朱一新（1846～1894）爲以周同年舉人，陶方琦（1845～1884）、王繼香（生卒年不詳），三人與以周交往事蹟待考。〔註43〕

第三節　黃以周之學思歷程

　　展閱歷史長卷，可知家學與師承是傳承學術文化與造就人才的重要條件。黃氏學術以家學相傳爲主。黃式三的父親黃興梧（1743～1824）「以《易》、《詩》著名庠序」〔註44〕。而黃式三於學不立門戶，博綜群經，治《易》、治《春秋》，而尤長《三禮》。論禘郊宗廟，謹守鄭學。論封域、井田、兵賦、學校、明堂、宗法諸制，有大疑義，必釐正之。〔註45〕生平於經說，不拘漢、宋，擇是而從。嘗作〈求是室記〉道：「天假我一日，即讀一日之書，以求其是。」〈畏軒記〉又道：「讀經而不治心，猶將百萬之兵而自亂之。」〔註46〕所作〈復禮說〉、〈崇禮說〉、〈約禮說〉，識者以爲不朽之作。又著有《論語後案》二十卷、《詩叢說》一卷、《詩序說通》二卷、《詩傳箋考》二卷、《春秋釋》二卷、《周季編略》九卷、《儆居集經說》四卷。同治元年（1862）卒，年七十四。子以周，從子以恭，俱能傳其學。〔註47〕可見紫微黃氏家族具有世代習經的傳統。以周幼承家學，於羣經子史皆有述作，而會通歸本於《三禮》。以周崇樸學，輔以天文曆算、輿地史論，亦不廢性理講習；而以博文約禮，實事求是爲宗。〔註48〕本章闡述黃以周的學思歷程，以家學爲重點，可藉此了解其經學脈絡與概況。

〔註42〕同上注：「光緒九年，黃體芳按臨松江，躬延文虎主南菁講席。……文虎有《南菁書院記》記述南菁之創建。明年，文虎以七十八歲卒於里。」，頁60。

〔註43〕同上注，頁47。

〔註44〕〔清〕黃以周：〈敕封徵仕郎內閣中書先考明經公言行略〉，《儆季文鈔》，卷5，頁1。

〔註45〕趙爾巽等：〈黃式三傳〉《清史稿》，卷489，頁13296。

〔註46〕《清史列傳・儒林傳下二・黃式三》，卷69，頁5660。

〔註47〕趙爾巽等：〈儒林傳三〉，《清史稿》，卷488，頁242。

〔註48〕〔清〕黃以周〈南菁文集敘〉云：「凡文之不關經傳子史者黜不用，論之不關世道人心者黜不用，好以新奇之說、苛刻之見自炫而有乖經史本文事實者黜不用。」見黃以周：《儆季文鈔》，卷2，頁21。

一、傳承家學

黃式三在八歲時，進入家塾讀書，父親爲啓蒙老師。〔註 49〕黃以周少承家學，六歲開始隨父讀《禮》，奠定了一生的學問基礎和志向。繆荃孫〈中書銜處州府學教授黃先生墓誌銘〉云：

> （以周）少承家學，與兄儆孟、儆仲相砥礪。六歲入塾，識《說文》部首字，遂讀經。先《禮》，次《詩》、《書》，次《春秋》、《易》。每一業畢，則條分節目，疏通大義。〔註 50〕

黃以周於〈說文解字補說敍〉云：

> 古聖既往，道載於文。六經之外，無所謂道。六書之外，無所謂文，故欲譚道者，先通經；欲通經者，先識字。以周凤承庭訓，治經有年，於訓詁聲音之宗守許書，其發明許學者，又服膺段、王兩家。〔註 51〕

黃以周謹記其父黃式三「欲通經必先通訓詁，欲通訓詁必先識聲」〔註 52〕之教誨，先識《說文》，再研讀六經。十九歲開始編著《十翼後錄》，於〈十翼後錄敍〉云：

> 以周幼先習《禮》，次讀《書》，次誦《詩》。三經既畢，然後受《易》，年既長，略能彙萃諸說，而問所疑矣。及研討既久，略有會悟，乃承家君命，廣搜《十翼》之注，不拘時代，擇其醇者而錄之，名之曰《十翼後錄》。〔註 53〕

以周稟承庭訓，讀書循序漸進，學不躐等，早晚向父親請教疑難問題，其《三禮》之學承自父親黃式三，一脈相傳，卓然有成。《清史列傳》云：

> 少傳父式三學，與從兄以恭作經課，互相質。督學吳存義試寧波，以〈明堂考〉命題，以周據《隋・宇文愷傳》，謂〈考工記〉夏后氏世室堂修二七二爲衍文，存義深賞之。嘗居浙城，聞兵警，以周獨

〔註 49〕〔清〕黃式三〈族譜敍〉曰：「式三束髮受書，凤聞家學。」黃以周〈敕封徵仕郎內閣中書先考明經公言行略〉也曰：「茂才公式三父興梧嘗篤愛之，教讀諸經，期成遠大器。」見黃以周：《儆季文鈔》，卷 5，頁 2。

〔註 50〕〔清〕繆荃孫：《續碑傳集》，卷 75，收入《清碑傳合集》（上海書店影印本，1988 年），頁 2。

〔註 51〕〔清〕黃以周：《儆季文鈔》，卷 2，頁 19。

〔註 52〕〔清〕黃以周：〈敕封徵仕郎內閣中書先考明經公言行略〉，《儆季文鈔》，卷 5，頁 37。

〔註 53〕同上注，《儆季文鈔》，卷 2，頁 2。

研索經義，積十晝夜，而知《孟子》夏五十、殷七十、周百畝之異，異在步尺，非在井疆，自謂足破二千年之疑難。其堅銳如此。〔註54〕

《清儒學記》云：

以周治學植品，一如其父。不慕榮利，專意讀書。為學實事求是，不分門戶，專精意力以治禮學。上自漢、唐，下逮當世，經注史說，諸子雜家，義有旁涉，率皆甄錄，去非存是，務折其中。〔註55〕

可知黃以周治學態度嚴謹，認為「務學必以積累，積累必由專與勤」〔註56〕，並取「《易》靜、專二字，以訓南菁諸生，曰『學問必由積累，出無頓悟，而積累全在靜、專』」〔註57〕。一生以傳經明道為己任，晝夜探索經義，實事求是之治學精神，卓然有成。黃以周「生平摯孝如其父，事親三十餘年，未嘗去左右，而非禮勿動，粹然儒者」。〔註58〕可見其至孝純善、博文約禮、實事求是，家學淵源，對其影響甚大。

二、研治群經

黃以周幼承家學，於羣經子史皆有述作，而會通歸本於《三禮》。唐文治〈黃元同先生學案〉敘述：

先生幼承家學，七歲讀《禮記》，旋受《士禮》、《周官》諸經，依次終業。十數歲即銳意著述。〔註59〕

黃以周承襲父親黃式三治經「不拘漢、宋，擇是而從」〔註60〕的主張，要把「漢儒的研究名物訓詁和宋儒的闡釋經書義理」的理念相結合。並且視經書是聖學傳統，他說：「經者所以傳道也，經之有故訓，所以明經而造乎道也。儒者手批口吟，朝夕無倦，孰不有識於聞道？」〔註61〕認為學者當努力研習經典學說，拳拳服膺儒家聖賢之道。黃以周自述學術次第云：

〔註54〕《清史列傳》，卷69，頁5662。
〔註55〕張舜徽：〈浙東學紀〉，《清儒學記》，頁195。
〔註56〕同註52，頁3。
〔註57〕唐文治：《茹經堂文集》，卷2，收入林師慶彰主編：《民國文集叢刊》第一集（臺中：文听閣圖書公司，2008年），頁130。
〔註58〕支偉成著：〈定海黃氏父子傳・式三、以周〉，《清代樸學大師列傳》，頁281。
〔註59〕唐文治《茹經堂文集》，卷2，收入林師慶彰主編：《民國文集叢刊》第一集，頁127。
〔註60〕《清史列傳・儒林傳下二・黃式三子以周》，卷69，頁5660。
〔註61〕〔清〕黃以周：〈敘目〉，《經訓比義》（臺北：廣文書局，1977年），頁11。

> 初治《易》，著《十翼後錄》，治群經，著《讀書小記》，而《三禮》
> 尤爲宗主，以爲三代下經學，鄭君、朱子爲最，而漢學家破碎大道，
> 宋學家棄經臆說，不合鄭、朱，何論孔、孟？因守顧炎武經學即理
> 學之訓，以追討孔門之博文約禮。〔註62〕

根據〈《十翼後錄》自序〉，以周研究《易》學乃是以《禮》、《書》、《詩》諸
經爲基礎，經由父親黃式三引領，以開啓學術研究之路，並且稟承父命而廣
搜《十翼》之注，博徵群經以釋《易》，包括《禮記》、《左傳》等。〔註63〕黃
以周《十翼後錄》以《禮》注《易》之內涵，包括展現「以經釋經」的研經
方法，也顯示清代清儒對經部文獻全體並重〔註64〕。黃以周博覽群經，學有
心得，則著書以見意。支偉成轉述黃以周自述治學之方法云：

> 先生爲學，不拘漢宋門戶，體亭林「經學即理學」之訓，上追孔門
> 之遺言。說《易》，綜舉辭變象古，於鄭、王無所偏執。《詩》多宗
> 序。《書》必條貫大義。《春秋》用比事之法。《三傳》校以經例，定
> 其短長。而《三禮》尤邃。〔註65〕

黃以周鑽研六經，均有精闢之見解。對於漢、宋學的立場，深受其父「三代
以下之經學，漢鄭君、宋朱子爲最，而漢學、宋學之流弊，乖離聖經，尚不
合於鄭、朱，何論孔、孟」〔註66〕的影響，認爲三代以下經學，流傳至漢代
鄭玄、宋代朱熹已臻於極點，而漢學、宋學之流弊，乖離聖經，已不合於鄭、
朱之本旨，更遑論合於孔、孟之道統。並且主張經書必須還原聖學傳統，至
於對宋、明以來的「理學」，則承接顧炎武「經學即是理學」的說法，強調治
學的方法當會通群經，並認爲「禮」爲學術之根本。

三、博文約禮

　　黃以周博綜群經，尤長《三禮》，實植基於家學，與一己之努力。《清儒

〔註62〕同注60，頁5662。
〔註63〕詳參賴師貴三：〈黃以周《十翼後錄》手稿析論〉，《先秦兩漢古籍國際學術研
　　　　討會論文集》（北京：社會科學文獻出版社，2011年），頁250～252。
〔註64〕鄭吉雄：〈從乾嘉學者經典詮釋清代儒學的屬性〉：「清儒對經部文獻全體並
　　　　重。他們深信古代經典中，包含了眾多上古聖賢的訓語、不同時期的名物、
　　　　制度、史實等因素，但這些因素合起來呈現的，卻是一幅極爲完整的古聖人
　　　　經世濟民的整體圖像。」，見鄭吉雄：《清代經學與文化》（北京：北京大學出
　　　　版社，2005年），頁263。
〔註65〕支偉成：〈定海黃氏父子傳式三以周〉，《清代樸學大師列傳》，頁281～282。
〔註66〕徐世昌等編纂：〈黃先生式三〉，《清儒學案・儆居學案上》，卷153，頁5931。

學案‧儆居學案下》云：

> 嘗謂：「有清講學之風，倡自顧亭林。」顧氏嘗云：「經學即是理學。」
> 乃體顧氏之訓，上追孔、孟之遺言，於《易》、《詩》、《春秋》皆有
> 著述，而《三禮》尤爲宗主。凡詳考禮制，多正舊說之誤，釋後人
> 之疑，而意在核明古禮，示後聖可行。〔註67〕

黃以周爲學，不拘漢、宋門戶，承接顧炎武「經學即是理學」的說法，並以
爲治學的方法當以條貫大要，會通諸經爲準，其所學所道不脫「禮」之範疇，
並認爲「禮」爲學術之本。孔子教導學生「博學於文，約之以禮」（《論語‧
雍也篇》），黃以周認爲孔子聖門之學，以禮爲道撰法守之圭臬。於〈顏子見
大說〉云：

> 顏子所樂者天，而樂天之學，由好禮始。……顏子所見之大，雖無
> 容輕擬，要不越《中庸》所謂悠悠之禮矣。由博文以約禮，既竭一
> 生之才能，克己以復禮，遂安三月之仁。夫子所循循誘人，顏子所
> 拳拳服膺，倘有大於此者乎？〔註68〕

舉顏回爲例，探討聖門傳學之大體：「博文約禮」、「克己復禮」。並且以「孔
顏樂處」爲宋儒朱子所樂道，稱譽朱子能傳承聖學之旨意，於〈顏子見大說〉
續云：

> 朱子曰：「學者但當從事於博文約禮之誨，至於欲罷不能而竭其才，
> 庶乎有以得之。」是言也，亦以批大郤、導大窾矣。〔註69〕

黃以周推尊朱子以「博文約禮」教誨學生，弟子黃勉齋服膺師訓，深究禮學
而有成。並強調禮學之興替，與國家有休戚與共之關係。於〈顏子見大說〉
又云：

> 自後儒小禮學，而天秩紊、人心惑。或曰：「禮爲忠信之薄。」是言
> 一出而周衰。或曰：「禮非爲我輩設。」是言一出而晉亂。學術不明，
> 治術因之亦弊，顏子有王佐才，要亦不出乎禮。〔註70〕

除了將天下治平歸因於「禮」外，對於傳承孔子的「禮」者，則推之於能夠
體悟孔子「夫子之道，忠恕而已矣」（《論語‧里仁篇》）之曾子。於〈曾子論
禮說〉云：

〔註67〕 同上注，《清儒學案‧儆居學案下》，卷154，頁5957。
〔註68〕 〔清〕黃以周撰：〈顏子見大說〉，《儆季文鈔》，卷1，頁1。
〔註69〕 同上注，頁2。
〔註70〕 同上注，頁2。

聖門之學者重約禮。禮者，禮也，曾子之學尤湛深於禮，本末兼澈，
經權並明，故卒能得孔聖一貫之傳。〔註71〕

《清儒學案・儆居學案下》云：

又以孟子學孔子由博反約，而未嘗親炙孔聖，其間有子思子綜七十
子之前聞，承孔聖以啓孟子，乃著《子思子輯解》七卷。而舉子思
所述夫子之教，必始於《詩》《書》而終於《禮》《樂》，及所明仁義
爲利之說，謂其傳授之大恉，是深信博文約禮之經學，爲行義之正
軌，而求孟子學孔聖之師承，以子思爲樞軸。暮年多疾，因曰：「加
我數年，《子思子輯解》成，斯無憾。」既書成而疾瘳，更號曰哉
生。〔註72〕

綜合上述，可知黃以周篤信博文約禮之經學，爲行義之正軌。並探溯孔門「博
文約禮」之傳承，有脈絡可尋，曾子深湛於禮學，弘揚「博文約禮」之學說。
以周晚年身體雖羸弱多病，仍撰《子思子輯解》一書，以子思子綜七十子之
前聞，承孔聖以啓孟子，爲傳承孔門「博文約禮」之樞軸。黃以周終身服膺
孔門聖學，以傳經明道爲己任之理念，由此可見。

第四節　黃以周著作概述

　　黃以周承繼其父式三的禮學思想而有所發展，一生專研禮經，試圖以此
挽漢、宋學之流弊。黃以周以禮學溝通漢、宋，眞正落實了顧炎武「經學即
理學」的主張，以「傳經明道爲己任，言著書當質鬼神俟後聖」。〔註73〕勤奮
好學，又兢兢業業於著作，一生著作，卷帙浩繁，嘉惠後代士林學子。茲參
考洪煥椿《浙江文獻叢考》〔註74〕、唐文治《茹經堂文集》〔註75〕、王逸明：
《定海黃式三黃以周年譜稿》〔註76〕等書之收錄，以簡目方式，概述黃以周

〔註71〕〔清〕黃以周撰：〈曾子論禮說〉，《儆季文鈔》，卷1，頁2。

〔註72〕徐世昌等編纂：〈黃先生式三〉，《清儒學案・儆居學案下》，卷154，頁5957。

〔註73〕汪兆鏞纂錄：章太炎〈黃以周先生傳〉，《碑傳集三編》（臺北：明文書局，1985
　　　　年6月《影印微尚齋書鈔本》），頁139。

〔註74〕洪煥椿編著：〈定海黃以周的經學著作〉，《浙江文獻叢考》（浙江：浙江人民
　　　　出版社，1983年2月），頁249～251。

〔註75〕唐文治：〈著作概略〉，《茹經堂文集》，卷2，收入林師慶彰主編：《民國文集
　　　　叢刊》第一集，頁131～132。

〔註76〕王逸明：《定海黃式三黃以周年譜稿》，頁85～88。

著作及版本如下：

一、已刊刻之著作

（一）《儆季襍箸五種》

1. 《禮說》六卷，收入第 1～2 冊。

    （1）清光緒甲午二十年（1894），江蘇南菁講舍刊本。

    （2）清光緒二十年（1894）南菁講舍刻《儆季雜著》本，現收入《續修四庫全書・經部・禮類》第 112 冊。

2. 《羣經說》四卷，收入第 3～4 冊。

    （1）清光緒甲午二十年（1894），江蘇南菁講舍刊本。

    （2）清光緒二十年（1894）南菁講舍刻《儆季雜著》本，現收入《續修四庫全書・經部・群經總義類》第 112 冊。

3. 《史說略》四卷，收入第 5～6 冊。

    清光緒甲午二十年（1894），江蘇南菁講舍刊本。

4. 《子敘》一卷，收入第 6 冊。

    清光緒甲午二十年（1894），江蘇南菁講舍刊本。

5. 《文鈔》六卷，收入第 7～8 冊。

    清光緒甲午二十年（1894），江蘇南菁講舍刊本。

    案：唐文治云：

    > 蓋先生之學，精於窮理，故其研求訓故，辨析是非，細之入毫芒，大之充宙合。而其從至性中流出者，尤足以感動人心焉。所譔《儆季雜著》五種曰《禮說》、曰《羣經說》、曰《史說略》、曰《子敘》、曰《文鈔》，《禮說》大都撥通故中之精華，融貫而出之經說，以釋《易》諸條爲尤精。〔註77〕

《儆季襍箸五種》：《禮說》、《羣經說》、《史說略》、《子敘》、《文鈔》，是黃以周以融會貫通經典古籍之說而成，全書精於窮理，研求訓故，辨析是非，可見黃以周學問之廣博與精醇。

（二）《周易注疏賸本》一卷

1. 現收入《續修四庫全書・經部・易類》第 35 冊。

2. 唐文治將此書，刊入其所輯《十三經讀本》。

〔註77〕唐文治：〈著作概略〉，《茹經堂文集》，卷 2，頁 150～151。

3. 民國十三年吳江施肇曾刻《十三經讀本》。

（三）《周易故訓訂》一卷

是書原為上、下二卷。僅存上卷。

1. 現收入《續修四庫全書・經部・易類》第 35 冊。

2. 唐文治將此書上卷，刊入其所輯《十三經讀本》。

3. 民國十三年吳江施肇曾刻《十三經讀本》。

案：黃以周〈自序〉云：

> 昔者文王作〈彖〉，周公演〈爻〉，其名小，其類大，其旨遠，其辭
> 文意蘊而不盡，義深而難測，《左氏傳》錄術家言，或已漫衍而不得
> 其宗。孔聖乃訂之作十傳以翼經謂之〈十翼〉。〈象傳〉明六畫之法
> 象；〈彖傳〉舉一卦之綱領；〈爻傳〉析諸爻之義例，而〈繫辭〉、〈說
> 卦〉諸傳，《易》之精蘊具于是。〔註78〕

黃以周有感於清初說《易》諸家，「不無支離穿鑿之弊，甚者不諳家法，馳說
騁辭，甚為可惜，故所擇《易》理，務在以經證經，發微言而明大義。」《周
易故訓訂》是針對《十翼後錄》之修訂而成書。可見黃以周對《易》學亦有
精闢獨到之見解與著作傳世。

（四）《十翼後錄》二十四卷

1. 上（卷 1 至卷 10）現收入《續修四庫全書・經部・易類》第 36 冊。

2. 下（卷 11 至卷 24）現收入《續修四庫全書・經部・易類》第 37 冊。

（五）《尚書講義》一卷

1. 清光緒二十一年（1895）南菁講舍刻本。

2. 現收入《續修四庫全書・經部・書類》第 50 冊。

（六）《禮書通故》〈校文〉一卷

清光緒十九年（1893）刻黃氏試館本，現收入《續修四庫全書・經
部・禮類》第 112 冊。

案：黃家驚、黃家驥《〈禮書通故〉校文記》云：

> 《禮書通故》之刊，始戊子（1888），終癸巳（1893），凡六易寒暑
> 而成。一時士大夫各以先睹為快，踵門索書者絡繹不絕，遂急遽刷
> 印，以應當世。憶初刊是書，曾蒙同門諸君子協力襄校，雅號精
> 致。而讀書如掃落葉，終難盡靜。家大人又命家驚、家驥一同再

校。乃檢原稿本、初印本、重修本、後定本互相讎對，得一百八十餘條，遂排比前後，刻之南菁講舍，以省諸君子過寫之勞。鶩輩自忖識粗學淺，遺漏必多，還望諸君子惠我玉音，匡以不逮云爾。〔註79〕

黃家鶩、黃家驥在〈《禮書通故》校文記〉說明《禮書通故》之刊行，費時六年而成。當時索書者絡繹不絕，士大夫爭相研讀此書。此書雖經同門友人鼎力協助校勘。但黃以周治學嚴謹，命其子黃家鶩、黃家驥再校，以期精益求精。於是取「原稿本、初印本、重修本、後定本」四種版本互相校讎，而得一百八十餘條校文，附於全文之末，以裨補闕漏。

（七）《儆季集外文》二十三篇

　　清光緒甲午二十年（1894），江蘇南菁講舍刊本。

（八）《軍禮司馬法考徵》二卷

　　清光緒十八年（1892）四月黃氏試館刊本。

案：唐文治云：

> 其題辭云：《古司馬法》百五十五篇，或敘軍禮，或詳兵法，祖述似同，裔流迥別。劉編《七略》以其均出司馬，並列兵家，《班志‧藝文》冠以軍禮，移入經類。鄭氏《通志》力排《班書》，章氏《校讎》又詆鄭說，顧舊籍久逸，墜緒難尋，任意出入，迄無定論。今以所見言之，《世行》五篇舊名《司馬兵法》，宜依劉《略》爲允，此猶《周易》明堂未可混列六藝也。其論〈軍乘〉諸篇，瞽鼓四通，許慎引爲禮文，邱馬一匹，杜預直稱《周禮》通人雅記，悉從《班志》，此猶劉向《五行傳》，有別於所序六十七篇也。〔註80〕

《漢書藝文志》所記載軍禮《司馬法》百五十五篇已佚，今所傳五篇，係兵法，非軍禮舊文。黃以周有感於漢、晉以來，經注疏義所引《司馬兵法》，均是軍禮佚文，與今所傳五篇內容不同。適逢南菁同學陳善餘兼採「姚姬傳《惜抱軒筆記》、丁儉卿《佚禮扶微》」〔註81〕二家之收藏，綴補《軍禮司馬法》。黃以周乃推明古代軍禮司馬法制，折衷經教之用意，而完成《軍禮司馬法考徵》二卷。

〔註79〕〔清〕黃家鶩、黃家驥：〈《禮書通故》校文〉一卷，收入《續修四庫全書‧經部‧禮類》，第 112 冊，頁 668。

〔註80〕同上注，頁 148。

〔註81〕同上注。

（九）《經訓比義》二卷

1. 清光緒二十二年（1896）初刊於江蘇南菁講舍，光緒二十四年（1898）
　　重刊。

2. 臺北：廣文書局有限公司，1977 年 1 月。

案：黃以周〈自序〉云：

> 夫聖賢之經，儒說之權衡也。儒說之是非，以經質之；經義難明，
> 以經之故訓核之；經故不可偏據，以諸經之相類者融貫之。……因
> 取《國語》士亹之言，以命其書，分爲上、中、下卷，凡二十四目。
> 蓋是書一出，而經學、理學始會歸於一。是《詩》所謂：「天生烝民，
> 有物有則，民之秉彝，好是懿德。」《傳》所謂：『民受天地之中以
> 生』，是以有動作禮義威儀之則，以定命者，皆確有其主宰而不墮於
> 元虛。〔註82〕

《經訓比義》全書分爲，卷上：「命、性、才、情、欲、心、意」、卷中：「道、
理、仁、禮、智、義、信」、卷下：「忠、恕、靜、敬、剛、中、權、誠、聖、
鬼神」等二十四目。黃以周深究天人之奧，道德之歸，性命之蘊，因而著《經
訓比義》一書，使經學理學會歸於一。〔註83〕

（十）《子思子輯解》七卷

　　　　內篇五卷、外篇二卷。

1. 清道光十六年（1836）江陰南菁書院刻本。

2. 清光緒二十二年（1896）江蘇南菁講舍刻本。

案：黃以周〈自序〉云：

> 《漢藝文志・子思》二十三篇，不名《子思子》，《子思子》之名自
> 隋、唐間始，故漢、魏諸書引《子思子》語與唐馬總《意林》同，
> 而竝曰《子思》，從舊名也。《毛詩譜》引《中庸》一事，史漢注引
> 《中庸》兩事，《文選》注引〈緇衣〉兩事，《意林》所采《子思子》
> 十餘條，一見於〈表記〉，再見於〈緇衣〉，則梁沈約謂今《小戴》
> 〈中庸〉、〈表記〉、〈坊記〉、〈緇衣〉四篇，類列皆取諸《子思》書
> 中，斯言洵不誣矣。其書唐代猶盛行，文史家類書家所引，或從舊名

〔註82〕〔清〕黃以周：〈敍目〉，《經訓比義》（臺北：廣文書局，1977 年 1 月），卷首，
　　　　頁 11。

〔註83〕唐文治：〈經訓比義〉，《茹經堂文集》，卷 2，頁 141～143。

曰《子思》，或依新題曰《子思子》，此各家體例有不同也。〔註84〕
黃以周深信博文約禮的經學，才是行爲義理的正途，因而求孟子學孔聖之師
承，並以子思爲其學術思想的樞軸，並於晚年體弱多病下，勉勵完成《子思
子輯解》，以闡述其學術主張。

（十一）《禮書通故》一百卷

1. 清光緒十九年（1893），定海黃氏試館刊本。現收入《續修四庫全書·
   經部·禮類》第 111～112 冊。

2. 黃以周撰、王文錦點校：《禮書通故》，北京：中華書局，2007 年 4 月。

（十二）《禮說》三卷

　　　　此書爲《禮說》初稿四十四篇。《禮說》凡七十五篇。

1. 清光緒二十年（1894）南菁講舍刻《儆季雜著》本。

2. 現收入清·王先謙續纂：《皇清經解續編》卷千四百十六至卷千四百十八。

（十三）《經說略》二卷

1. 清光緒十四年（1888）南菁講舍刻本。

2. 現收入清·王先謙續纂：《皇清經解續編》卷千四百十九至卷千四百二
   十。

（十四）《晏子春秋校勘記》二卷

　　　　清光緒元年（1875）浙江書局刊本。

（十五）《續資治通鑑長編拾補》六十卷

　　　　清·秦緗業、黃以周等輯。

　　　　清光緒七年（1881）浙江書局刊本。

案：唐文治云：

> 宋李文簡《續通鑑長編》久罕全本，康熙時崑山徐憺園先生所呈進
> 者，亦惟建隆至治平殘本而已。……及乾隆時修《四庫全書》，乃從
> 《永樂大典》中輯成五百二十卷，然徽、欽兩朝則仍佚焉。……至
> 光緒中，瀏陽譚文卿先生刻《長編》於浙江書局，更本竹垞先生之
> 意，屬書局裏校諸君，以楊書補《長編》，使數百年闕佚之書，一旦
> 完善。時先生在局裏校，首任其事，大要以楊書爲主，並參考宋、
> 遼、金三史，《東都事略》以及《編年備要》、《北盟會編》、《靖康傳
> 信錄》、《靖康要錄》等書，殫竭八九人之心力，博稽百數十種之史

〔註84〕唐文治：〈著作概略〉，《茹經堂文集》，卷 2，頁 144～145。

書，閱兩年而後竣事，是書之成，先生之力居多，特係眾人所共輯，

非先生所獨纂，故行狀未列是書云。〔註85〕

《續資治通鑑長編拾補》六十卷，是黃以周等人，於光緒七年，奉浙江巡撫譚鐘麟命，以浙江文瀾閣本（即乾隆間四庫館臣從《永樂大典》輯出之《續資治通鑑長編》稿本）校愛日精盧本，並參考南宋刻五朝本及其他史料，雕版印刷，是為浙江書局本。對於閣本原缺之徽、欽兩朝及治平至紹聖中七年事迹，黃以周等人，又據宋楊仲良《通鑑長編紀事本末》中收錄的原文，仍按年月編排。〔註86〕書中對《長編》所缺諸年史跡有詳細記載，對了解此一時期的歷史裨益良多。

（十六）《定海廳志》三十卷

黃以周主編。

清光緒十一年（1885）刊本。

二、未刊行之著作

（一）《十翼後錄》，八十卷。

案：唐文治云：

先生紹承家學，著《十翼後錄》八十卷。嘗謂：伏羲、文王、周公所作經也，孔子之傳注也，以三聖人之經，而孔聖為之注，後世之說《易》者，但守孔聖家法足矣。故所作《十翼後錄》不分漢、宋門戶，惟以發明孔聖之說，與合於經例者為主。〔註87〕

黃以周幼承家學，跟隨父親黃式三研究《易》學，而會悟其中義理，融貫條列先儒之說，而著成《十翼後錄》一書。

（二）《意林佚子書》，四冊

據洪煥椿〈定海黃以周的經學著作〉所述：「杭縣孫氏儆盧藏有此書原稿四冊，亦以周未刊遺稿。」〔註88〕

（三）《唐本說文真偽辨》，一卷

據洪煥椿〈定海黃以周的經學著作〉所述。〔註89〕

〔註85〕唐文治：〈著作概略〉，《茹經堂文集》，卷2，頁154～155。

〔註86〕王逸民所編：《定海黃式三黃以周年譜稿》，頁58。

〔註87〕唐文治：〈著作概略〉，《茹經堂文集》，卷2，頁133。

〔註88〕洪煥椿編著：〈定海黃以周的經學著作〉，《浙江文獻叢考》，頁251。

〔註89〕同上注，頁251。

（四）《經訓類編》

據洪煥椿〈定海黃以周的經學著作〉所述：「定海黃榮爵藏有此書抄本三卷，二冊。」〔註90〕

（五）《纂經室尙書講義讀本》

據洪煥椿〈定海黃以周的經學著作〉所述：「定海黃榮爵藏有黃以恭著《愛經居未定草》手稿一冊，末附《纂經室尙書講義讀本》。這是黃以周的未刊著作。」〔註91〕

（六）《唐詩約選》，二冊

據洪煥椿〈定海黃以周的經學著作〉所述：「定海黃榮爵藏此書手稿二冊，未刊。」〔註92〕

綜合上述，可知黃以周一生以傳經明道爲己任，於《易》、《詩》、《書》、《禮》、《春秋》等，皆有著述，而《三禮》尤爲宗主。在南菁書院擔任講席凡十五年，弟子千餘人，課餘之暇，仍勤勉著述，十九歲寫成《十翼後錄》一書。晚年疾病纏身，仍在六十九歲勉力完成《子思子輯解》一書，值得後學敬佩。總計其一生撰著，包括：《十翼後錄》二十四卷、《禮說》六卷、《羣經說》四卷、《史說略》四卷、《子敍》一卷、《文鈔》六卷，今合編爲《儆季雜著》。《周易注疏賸本》一卷、《周易故訓訂》一卷、《十翼後錄》二十四卷、《尙書講義》一卷、《禮書通故》一百卷、《軍禮司馬法攷徵》二卷、《經訓比義》三卷、《黃帝內經集注》九卷、《子思子輯解》七卷等，至於其他考校的子、史更多，重要的有《晏子春秋》校勘記二卷，《續資治通鑑長編拾補》六十卷等，其書大多數由南菁講舍在光緒年間刻出，且刊行於世，堪稱爲著作等身之學者。

小　結

綜觀黃以周一生，家學淵源，黃式三家學，有其四子以周、侄子以恭、孫子家岱承傳。以周七歲時隨父讀《禮》，奠定一生學問之基礎與志向。十九歲開始編著《十翼後錄》，又早晚向父親請教疑難問題。堪稱是子承父學，一

〔註90〕同上注，頁251。
〔註91〕同上注，頁251。
〔註92〕同上注，頁251。

脈相傳。俞樾主持杭州詁經精舍，兼主杭州浙江書局，斯時，李慈銘與以周亦在浙江書局一同校勘古籍。因緣際會，亦師亦友之砥礪，對其學術發展有深遠之影響。與以周交遊者有俞樾、李慈銘、譚獻、孫詒讓、張文虎、朱一新、陶方琦、王繼香、虞景璜等，彼此藉書信往返，切磋學問。黃以周與俞樾、孫詒讓並稱爲晚清浙江三大漢學家。在南菁書院時，黃以周秉承詁經精舍之傳統，「以博文約禮、實事求是爲教」。受業之東南俊彥，先後達千餘人。黃氏父子之學術思想在江浙之影響，由此可見。

表一：黃以周之學行年表

本年表依據王逸明所編《定海黃式三黃以周年譜稿》內容摘錄，年譜稿卷首有光緒《定海廳志》前附定海縣周邊示意圖局部、「儆居先生像」（癸酉〔註93〕八月烏程後學費以群摹）、元同先生小照（鎮海虞琴摹劉慈孚題），續有〈定海黃氏世系表〉二頁。此年譜稿第八十三頁至八十八頁，附有〈黃氏父子著述版本考〉可供參考，恕不贅錄。

年齡	中西紀元	學　行　紀　要	附　註
1 歲	道光八年（1828）	黃式三先生四十歲。 黃以周生於浙江定海，黃式三的第三子，初名以同，字經纂。後出試，同知某命改名以周，字元同，號儆季。	見《儆居雜著》，卷 4下，頁 16。
2 歲	道光九年（1829）	黃式三始作〈族譜唐太傅明遠公傳贊〉。	見《儆居雜著》卷 4，頁 1。
3 歲	道光十年（1830）	黃式三《論語後案》編竣。	見黃以周《先考明經公言行略》
4 歲	道光十一年（1831）	黃以周生母袁氏卒。 以周性孝友，四歲喪母，長而追思不已。	見〈黃式三子以周〉，《清史列傳》，卷 69，頁 5660。
6 歲	道光十三年（1833）	以周少承家學，與兄儆孟（黃以愚）、儆仲（黃以巽）相砥礪。六歲入塾，識《說文》部首字，遂讀經。先《禮》，次《詩》、《書》，次《春秋》、《易》。每一業畢，輒條分節目，疏通大義。	見繆荃孫〈黃以周墓志銘〉。

〔註93〕癸酉爲同治十二年，西元 1873 年，黃以周時年四十六歲，《定海黃式三黃以周年譜稿》記曰：「以周仍職浙江書局，以恭來杭州就學，兄弟得聚首。本年烏程費以群繪式三像（載於《儆居集》前附），落款署『癸酉八月烏程后學費以以群摹』。」，頁 53。

7歲	道光十四年 （1834）	以周幼承家學，七歲讀《禮記》，旋受《士禮》、 《周官》諸經，依次終業。	見唐文治〈黃元同先生 學案〉。
10歲	道光十七年 （1837）	黃式三〈族譜唐太傅明遠公傳贊〉竣稿。	見《儆居雜著》，卷4， 頁1。
12歲	道光十九年 （1839）	式三撰《尚書啓蒙》竣，作《尚書啓蒙·敘》。 攜《尚書啓蒙》往烏程驥村再訪嚴可均。冬歸 定海，作〈與嚴鐵橋書〉。	見《儆居雜著》，卷4， 頁31。
13歲	道光二十年 （1840）	英軍陷定海。 （式三）作〈求是室記〉，曰：「天假我一日， 即讀一日書，以求其是。」（黃以周《先考明經 公言行略》）。 （式三）避兵鎮邑之甘溪，行篋所攜，只有《李 氏集解》、《王注》、《孔疏》、《程傳》、《本義》 及舊所抄《叢說》（均指易之書），會象、爻、 傳之所合，得其綱領，而後推各爻之所變，於 是私有所去取，作《易釋》焉。	
15歲	道光二十二年 （1842）	式三攜家寓居鎮海紫石村，閉戶課子孫，重理 舊稿。	見《儆季文鈔》，卷6， 頁15。
16歲	道光二十三年 （1843）	式三父子在鎮海。嚴可均約於此年爲式三《春 秋釋》作〈敘〉，旋卒。	見《儆居雜著》，卷4 下，頁1。
17歲	道光二十四年 （1844）	式三父子在鎮海。式三作《春秋釋·敘》。	見《儆居雜著》，卷1， 頁11。
18歲	道光二十五年 （1845）	式三向愛任氏釣台（啓運）之文。 乙巳館慈溪，坊友以呂氏（祖謙）《大事記》及 任氏《周易洗心》、《禮記章句》、《四書約旨》 強委之，因得《大事記》而撰《周季編略》，固 喜之。任氏書竟未暇深覽。戊申（道光二十八 年）季子以周撰《十翼後錄》，命取其說。	以周撰《十翼後錄》 見《儆居雜著》，卷3 下，頁9。
19歲	道光二十六年 （1846）	式三父子館於慈溪章橋成家。 以周補諸生，元配梅氏約于本年來歸。 以周少承父業，以傳經明道自任，言「著書當 質鬼神，俟後聖」。年十九，爲《十翼後錄》， 非其至也。	〔清〕繆荃孫：《清碑傳 合集·碑傳集三編》，卷 34，頁6。
20歲	道光二十七年 （1847）	年初式三館於慈溪章橋成家。 編《周季編略》竣，作〈周季編略敘〉。	見《儆居雜著》，卷4， 頁36。
21歲	道光二十八年 （1848）	式三《易釋》定稿，作《易釋·敘》。 《儆居集》編竣，傅夢占、劉燦爲撰敘。以周 作《十翼後錄》，朝夕問難於父。以周長子黃家 辰約生於本年。 以周年二十餘，好讀易，病先儒注說於畫 （指〈象傳〉）、象（指〈象傳〉）、爻（指〈爻傳〉）	見唐文治〈黃元同先生 學案〉，民國十五年商 務印書館版《清儒學術 討論集》第一集，頁 47。

		下，自騁私說，揆諸聖傳，往往不合，於是有《十翼後錄》之作。	
24歲	咸豐元年（1851）	式三應邀赴鄞縣修黃氏族譜，撰《鄞縣族譜·敘》。以周隨往鄞縣謄錄族譜，侍側問《易》，適售得楊用修所刊蘇《易傳》諸書，校正《十翼後錄》，遂繪《講易圖》，明所好也。	校正《十翼後錄》見黃式三《講易圖記》、《儆居雜著》，卷4下，頁23。
27歲	咸豐四年（1854）	以周次子黃家岱生於本年。	見黃以周《儆季文鈔》，卷2，頁27。
29歲	咸豐六年（1856）	以周喜歡宋儒書，又病其離經談道，多無當於聖學，甚且自知己說之不合於經，遂敢隱陋孔聖，顯斥孟子，心竊鄙之。於是有《經訓通詁》（後改名《經訓比義》）之作。	見黃以周《上俞蔭甫先生書》，轉引自唐文治《黃元同先生學案》。
31歲	咸豐八年（1858）	式三改舊作〈跋淩廷堪《禮經釋例》〉爲〈約禮說〉，是其議論性理學之重要著作。六月復校訂《周季編略》稿，作〈周季編略書後〉。九月作〈明堂位作于武公後說〉筆記一則。又辭七十慶壽，門弟子及諸子以其平生所著輯爲《十略》。	見黃式三《經禮說》、《儆居集·經說一》，頁15。黃以周〈先考明經公言行略〉。
32歲	咸豐九年（1859）	式三補去年作〈周季編略書後〉數語，以周爲父校讀《周季編略》。冬，式三輯舊作編爲《炳燭錄》，作〈炳燭錄敘〉。以周陸續撰述關《禮》諸文，是爲著《禮書通故》之始。初以周讀秦蕙田《五禮通考》，病其「吉禮」之好難鄭，「軍禮」之太阿鄭。每一卷畢，輒有作。既而撰《禮書通故》，遂輟業。	見黃以周《儆季雜著·禮說一》前附〈序〉，又《清史列傳·黃式三》。
33歲	咸豐十年（1860）	式三作〈讀狄氏孔孟編年質疑〉、《炳燭錄》、《知非子傳》，刪改《論語後案》。以周《禮書通故》中之〈吉禮說〉部分作於本年。	見黃以周〈先考明經公言行略〉。
34歲	咸豐十一年（1861）	式三始撰《經外緒言》二十一篇，明年與別文合編爲《黃氏塾課》。以恭本年拔貢。俞樾（本年41歲）避太平洋軍至定海。	
35歲	同治元年（1862）	夏，式三修訂《論語後案》并敘。七月，式三病，半身不遂。八月，編就《黃氏塾課》。十月二十日式三卒於家，年七十有四。本年鎮海劉芬爲以周《經義比訓》撰序。	見黃以周〈先考明經公言行略〉。
36歲	同治二年（1863）	春，以周葬父於鎮海海晏鄉銅槃墩。以周《禮書通故》之〈凶禮說〉部分作於本年。	見黃以周〈先考明經公言行略〉。

39歲	同治五年（1866）	已故式三先生從祀府廳鄉賢祠。 約於是年胡洪安與以周學有爭議，以周曰：「經外之學，非敢知也。」	見黃以周〈先考明經公言行略〉。 《儆季文鈔》，卷6，頁15。
40歲	同治六年（1867）	已故式三從祀詁經精舍先覺祠。 以周應鄉試不售，主考張之洞以未取以周爲憾。 本年譚獻（38歲）、孫詒讓（20歲）中舉。	見《清儒學案·儆居學案》「儆季交遊」一節。
41歲	同治七年（1868）	以周職浙江書局。 俞樾掌杭州詁經精舍，兼領杭州浙江書局。黃、俞之交自本年始。 以周〈上俞蔭甫先生書〉、〈答俞蔭甫先生書〉約作於本年。	見唐文治〈黃元同先生學案〉。
43歲	同治九年（1870）	以周職浙江書局。 應貢生試，成優貢生。繼應浙江鄉試，中舉人。 以周《禮說略》諸篇大體撰畢。	見黃以周〈愛經居雜著敘〉，《儆季文鈔》，卷2，頁17。
44歲	同治十年（1871）	以周北上京師，應禮部試。 下第，獲選國史館謄錄。 期滿當得知縣，不就。	見章炳麟〈黃先生傳〉。 又見唐文治〈黃元同先生學案〉。
45歲	同治十一年（1872）	以周本年納妾陳氏。 黃家岱將婚，以周授讀《婚禮》。 黃以恭爲以周《經訓比義》跋。	見光緒十七年以周嘗記陳氏雙關語曰：「遲妾二十年得『杖』。『杖』君，以父道，……」 見《定海黃氏所著書》第二十冊《經訓比義》前附。
47歲	同治十三年（1874）	以周友施補華本年作〈定海黃先生別傳〉。	見施補華〈黃式三先生別傳〉。
48歲	光緒元年（1875）	以周仍職浙江書局。 以周主持校勘之《晏子春秋》本年刊竣。 黃以恭本年成恩科舉人。	見《儆季文鈔》，卷6，頁2。
49歲	光緒二年（1876）	以周刊《儆居集》。因資斧不給，暫以部分印行，《儆居集》內集已告藏。	見《儆季文鈔》，卷3，頁7。
50歲	光緒三年（1877）	以周仍職浙江書局。 應定海廳知事史致馴請，與以恭等編纂《定海廳志》。 本年致書績溪胡培繫，討論《儀禮正義》及補作得失。	見《儆季文鈔》，卷2，頁17。
52歲	光緒五年（1879）	寧波知府宗源瀚建寧波辨志精舍，請以周爲定規制，並主講經學。	見《儆季文鈔》，卷3，頁6。
54歲	光緒七年（1881）	以周主持輯校之《續資治通鑑長編》及所編撰《續資治通鑑長編拾補》由浙江書局刊行。	

55歲	光緒八年（1882）	九月，黃體芳倡議創立南菁書院，以周應徐樹銘之邀，爲張大昌繪〈約園圖〉題記。 黃以恭卒。	見〈南菁書院大事記〉，《中國書院史資料》，頁2155。 黃以周《約園記》見《儆季文鈔》，卷6，頁25。
56歲	光緒九年（1883）	六月，南菁書院建成。 式三《論語後案》於浙江書局刊竣。 已故黃以恭之子黃家橋，請以周爲以恭撰傳。	見《儆季文鈔》，卷6，頁17。
57歲	光緒十年（1884）	南菁書院正式開課，江蘇學政黃體芳聘以周接替張文虎出任南菁院長，主講經學十五年。 以周、以恭主編《定海廳志》本年刊竣。	
58歲	光緒十一年（1885）	以周在南菁書院主講。 本年唐文治、張錫恭、曹元弼受業南菁以周門下。	見唐文治〈黃元同先生學案〉。 曹元弼〈純儒張聞遠徵君傳〉。
59歲	光緒十二年（1885）	夏，王先謙奏請在南菁書院設局，彙刻《皇清經解續編》。 以周在南菁書院主講。 秋，以周赴處州遂昌縣訓導任。	見《儆季文鈔》，卷6，頁18。
61歲	光緒十四年（1888）	本年《禮書通故》開雕於黃氏試館。約於本年，俞樾應以周請，爲審讀《禮書通故》，并序。《皇清經解續編》刊竣。《皇清經解續編》收錄以周《經說略》、《禮說略》。黃式三《儆居集》續刊本本年刻竣。	俞樾爲《禮書通故》作序。
62歲	光緒十五年（1889）	以周在南菁書院主講。 多，爲《南菁講舍文集》作序。	光緒十五年刊本《南菁講舍文集》前附黃以周序。
63歲	光緒十六年（1890）	以周在南菁書院主講。 章炳麟（本年23歲）在詁經精舍從俞樾學，數謁以周。 本年浙江書局刊《黃帝內經素問集注》，以周閱後作〈黃帝內經素問重校正敘〉。	見《儆季文鈔》，卷2，頁11。
64歲	光緒十七年（1891）	以周在南菁書院主講。 春，撰《軍禮司馬法考徵》畢，明年刊竣。 以周子家岱三十八歲卒。	見《定海黃氏所著書》第19冊。 見以周〈儆孫嫿藝軒諸書題辭〉。
65歲	光緒十八年（1892）	以周在南菁書院主講。 四月，《軍禮司馬法考徵》刊竣于南菁以周作記。 白作霖從學於南菁門下	見《定海黃氏所著書》第19冊。 見白作霖《質庵集》跋語。

66 歲	光緒十九年 （1893）	以周在南菁書院主講。 《禮書通故》刊竣。重訂舊作《禮說略》，成《禮說》六卷。又重訂《經說略》成《群經說》四卷，夏刊竣。	
67 歲	光緒二十年 （1894）	在南菁書院主講。 多爲《南菁文鈔二集》作序。	見《南菁文鈔二集》前附黃以周序。
68 歲	光緒二十一年 （1895）	以周刊子家岱著《尚書講義》於南菁書院。南菁書院諸弟子集資爲刊以周早年書稿《經訓比義》。冬，以周撰《經訓比義·弁言》。	見《定海黃氏所著書》第 20 冊。
69 歲	光緒二十二年 （1896）	編撰《子思子輯解》七卷畢。立夏，《經訓比義》刊成，自爲序。 《子思子輯解》七卷、《經訓比義》出刊。	見《定海黃氏所著書》第 22 冊 《子思子》前附。
71 歲	光緒二十四年 （1898）	清政府命各省書院一律改爲中西兼習之學堂。以周年初在南菁書院，課餘嘗應定海族人請，爲五修族譜，并作〈定海五修族譜敘〉。又爲弟子王兆芳《才茲集》作序。 約於四月，以周以年衰，告別南菁書院，歸杭州半山下。別前嘗遺諸弟子一札，流露出對新式教育及西方科技之鄙視。	見《定海黃氏所著書·儆季集外文》第 19 篇，〈南菁書院大事記〉，《中國書院史資料》，頁 2155。
72 歲	光緒二十五年 （1899）	十月十七日，以周卒。卜葬於海晏鄉黃家橋之東。	見繆荃孫〈黃以周墓誌銘〉。

第四章　黃以周禮學思想探究

晚清學術，隨著政移時變，漢學與宋學相互消長，開創出璀璨的學術扉頁。在有清一代的禮學發展史中，晚清禮學遠紹清初大儒顧炎武倡導的「經學即理學」〔註1〕思想，繼清中期凌廷堪、阮元「以禮代理」〔註2〕學說之後，擯棄宋學、乾嘉漢學囿見，別開融通之門徑。晚清的最後一二十年間，「以禮代理」之說盛行，遂有黃以周《禮書通故》、孫詒讓《周禮正義》出而集其大成。

第一節　禮學思想背景

皮錫瑞《經學歷史》上說：「凡學不考其源流，莫能通古今之變。」〔註3〕要理解黃以周之禮學思想，首先要考辨其學術源流。清代學術的發展，隨著大師的卓然而立，學者的切磋砥礪，各地書院的振興，推動學派的建構，著名者有乾嘉吳派、乾嘉皖派、浙東學派、揚州學派、常州今文經學派。學派的研究從來是辨章學術、考鏡源流的重要內容，而不同學派的形成，往往也隱藏著思想與學術的脈絡。〔註4〕黃式三、黃以周父子是浙江定海人，與「浙

東學派」有密切的關係。浙東是我國宋、元以來人文薈萃之地，在清代學術發展史上，佔有舉足輕重的地位。茲述浙東學派的學術譜系如下：

一、浙東學派溯源

清代浙東學派的發軔，可遠溯自清朝初年的黃宗羲（1610～1695）。章學誠（1738～1801）在《文史通義・浙東學術》中說：

> 浙東之學，雖出婺源〔註5〕，然自三袁〔註6〕之流，多宗江西陸氏〔註7〕，而通經服古，絕不空言德性，故不悖於朱子之教。至陽明王子〔註8〕，揭孟子之良知，復與朱子牴牾；蕺山劉氏〔註9〕，本良知而發明慎獨，與朱子不合，亦不相詆也。梨洲黃氏，出蕺山劉氏之門，而開萬氏弟兄〔註10〕經史之學，以至全氏祖望〔註11〕輩尚存其意，宗陸而不悖於朱者也。……世推顧亭林氏爲開國儒宗，然自是浙西之學，不知同時有黃梨洲氏，出於浙東，雖與顧氏並峙，而上宗王、劉，下開二萬，較之顧氏，源遠而流長矣。顧氏宗朱，而

年第 3 期，頁 118。

〔註5〕 〔宋〕朱熹（1130～1200），字元晦，一字仲晦，徽州婺源人。（生平事蹟詳參《宋史・道學列傳》，卷 429）。婺源，在今安徽省。

〔註6〕 袁燮（1144～1224），字和叔，慶元府鄞縣人，少讀東都《黨錮傳》，慨然以名節自期。學者稱之曰絜齋先生。（生平事蹟詳參《宋史・袁燮傳》、《宋元學案》，卷 75）；袁肅，絜齋之子，從廣平（舒璘（1136～1199）），於新安，其後知名於世。袁甫，字廣微，絜齋之子也。（生平事蹟詳參《宋元學案》，卷 75）

〔註7〕 〔宋〕陸九淵（1139～1193），字子靜，撫州金溪（今江西省金溪縣）人，南宋哲學家，陸王心學的代表人物。（生平事蹟詳參《宋史・儒林列傳》，卷 434）。

〔註8〕 〔明〕王守仁（1472～1529），字伯安，號陽明，謚文成，浙江餘姚人。（生平事蹟詳參《王文成公全書》）。

〔註9〕 〔明〕劉宗周（1578～1645），初名憲章，字起東（啓東），紹興府山陰（今紹興）水澄里人。（生平事蹟詳參《劉子全書》，卷 39、40，清道光十五年刊本；姚名達：《劉宗周年譜》，商務印書館，1933 年版）。

〔註10〕 〔清〕萬斯大，字充宗，晚號跛翁，學者稱「褐夫先生」，清朝初年著名學者，經學家。鄞縣（今浙江寧波鄞州區）人，是萬斯同的哥哥和黃宗羲的學生。（生平事蹟詳參徐世昌《清儒學案》，卷 34《鄞縣二萬學案》上）。萬斯同，字季野，學者稱石園先生，明末清初歷史學家，浙江鄞縣人。（生平事蹟詳參徐世昌《清儒學案》，卷 35〈鄞縣二萬學案〉下）。

〔註11〕 〔清〕全祖望字紹衣，一字謝山，浙江鄞縣人。清朝史學家、文學家。（生平事蹟詳參徐世昌《清儒學案》，卷 69〈謝山學案〉）。

> 黃氏宗陸，蓋非講學專家，各持門户之見者，故互相推服，而不相
> 非詆，學者不可無宗主，而必不可有門户。故浙東、浙西，道並行
> 而不悖也。浙東貴專家，浙西尚博雅，各因其習而習也。〔註12〕

剖析浙東與浙西二學派的特色，並分析了各自的學術淵源。在章學誠看來，「浙東之學」與「浙西之學」的學術淵源及其學風雖然有別，但都是儒家之學，二學派無門户之見，彼此並行不悖、相輔相成。而從章氏所述浙東之學的源流與特色來看，浙東學術的主流是從南宋婺源（朱子學派）、中經明代姚江學派（即陽明學派），到明、清之際的蕺山梨洲學派，其特色是「宗陸（王）而不悖於朱」。值得重視的是，章學誠所講的「浙東學術」，並非單指浙東史學，而是涵括了宋明理學、心學的浙東經史之學。

二、浙東學派的發展

晚清章太炎在其著作〈清儒〉中談到「浙東學術」：

> 自明末有浙江之學，萬斯大、斯同兄弟，皆鄞人，師事餘姚黃宗羲，
> 稱說《禮經》，雜陳漢、宋，而斯同獨尊史法。其後餘姚邵晉涵、鄞
> 全祖望繼之，尤善言明末遺事。會稽章學誠爲《文史》、《校讎》諸
> 通義，以復歆、固之學，其卓約過《史通》。而說《禮》者羈縻不絕。
> 定海黃式三傳浙東學，始與皖南交通。其子以周作《禮書通故》，三
> 代度制大定。唯浙江上下諸學說，亦至是完集云。〔註13〕

說明清代「浙東學派」一系相承的脈絡，從黃宗羲的引領，經萬斯大（1633～1683）、萬斯同（1638～1702）的傳承，全祖望（1705～1755）、邵晉涵（1743～1796）〔註14〕繼之而起。接著章學誠的發揚，黃式三、黃以周父子的光大，使「浙東學派」在晚清學術史上佔有舉足輕重的地位。章太炎並歸納「浙東學派」有三個特點：第一，重視史學，此觀點與黃宗羲一致。第二，重視禮學研究，因而將黃式三、黃以周父子列入「浙東學派」。第三，反對門户之見，主張漢、宋兼采。後二點爲章學誠所未提及。〔註15〕章太炎探究「浙東學派」

〔註12〕〔清〕章學誠：〈浙東學術〉，《文史通義》內篇（北京：中華書局，1956年），頁51～52。

〔註13〕章太炎：〈清儒〉，《章太炎全集》（上海：上海人民出版社，1982年），頁474。

〔註14〕〔清〕邵晉涵，字與桐，又字二雲，號南江，浙江餘姚人。清朝翰林、校刊學家、歷史學家。（生平事蹟詳參徐世昌《清儒學案》，卷98〈南江學案〉）。

〔註15〕詳參周積明、雷平：〈清代學術研究若干領域的新進展及其述〉《清史研究》，2005年8月第3期），頁120。

的源流與傳承，頗有見地。

三、浙東學派的學術譜系

有關清代「浙東學派」的學術譜系，近代學者周積明（1949～）曾撰文分析其學術譜系構建〔註16〕，呈現三種不同學脈的序列：

其一，黃宗羲、萬斯同、萬斯大、全祖望、邵晉涵等人（章學誠主張）。章學誠在《文史通義‧浙東學術》，述其學術源流，說：

> 梨洲黃氏，出蕺山劉氏之門，而開萬氏弟兄經史之學，以至全氏祖望輩尚存其意。〔註17〕

可知這一譜系的起點是黃宗羲，殿軍是全祖望。

其二，黃宗羲、萬斯同、萬斯大、全祖望、邵晉涵、章學誠、黃以周、黃式三等人（章太炎主張）。章太炎在〈清儒〉中談到「浙東學術」說：

> 自明末有浙江之學，萬斯大、斯同兄弟，……師事餘姚黃宗羲，稱說《禮》，……而斯同獨尊史法。其後餘姚邵晉涵、鄞全祖望繼之。……會稽章學誠為《文史》、《校讎》諸通義，……定海黃式三傳浙東學，……其子以周作《禮書通故》，三代度制大定。〔註18〕

晚清以降，章太炎所構建的「浙東學派」譜系，增加了三位學者，即章學誠、黃式三、黃以周。

其三，黃宗羲、萬斯同、萬斯大、全祖望、邵晉涵、章學誠等人（梁啟超之主張，為目前學界主流觀點）。〔註19〕梁啟超在《中國近三百年學術史》中說：

> 浙東學風，從梨洲、季野、謝山起，以至於章實齋，蔚然自成一系統，而其貢獻最大者實在史學。〔註20〕

梁啟超所構建的譜系又發生變化，黃氏父子被去掉，章學誠成為殿軍。

綜合上述，可知周積明認為章太炎在構建「浙東學派」學術譜系時，除

〔註16〕詳參周積明、雷平：〈清代浙東學派學術譜系的構建〉（《學術月刊》，2004年6月第6期），頁42。

〔註17〕詳參〔清〕章學誠著、葉瑛校注：《文史通義校注》，上冊，頁523～524。

〔註18〕章太炎：〈清儒〉，《章太炎全集》，頁474。鄭吉雄：《清儒名著述評》，頁362～370，選文收錄有章太炎〈清儒〉，可以參考。

〔註19〕詳參周積明：〈清代浙東學派學術譜系的構建〉，頁42。

〔註20〕梁啟超：〈清初史學之建設〉，《中國近三百年學術史》（臺北：里仁書局，1995年），頁135。

突出其史學之長外，更著意彰顯「浙東學派」兼採漢、宋和長於禮學的特點，〔註21〕章太炎在〈黃先生傳〉中說：

> 黃先生，名以周，字元同，浙江定海人也，父式三，號儆居，先生治經爲浙東通儒。先生少承父業，以傳經明道自任，言著書當質鬼神，俟後聖。……爲學不拘牽漢、宋門戶，《詩》、《書》、《春秋》皆條貫大義，說《易》，綜舉詞變象占，不偏主鄭、王。尤邃《三禮》，……先生爲《禮書通故》百卷，列五十目，囊括大典，……蓋與杜氏《通典》比隆，其校覈異義過之，諸先儒不決之義，盡明之矣。……要其根極，以治禮爲主。〔註22〕

章太炎說明黃以周少承父業，以傳經明道自任，爲學不拘漢、宋門戶。對於經典古籍，皆能條貫大義，博採眾說。尤長《三禮》，其所著《禮書通故》百卷，可與唐代杜佑《通典》比美。且將「於學不立門戶」並長於《三禮》的黃式三、黃以周父子列爲「浙東學派」的殿軍。黃氏父子是晚清禮學大家，章太炎雖未眞正列入黃以周門牆，但「數謁先生」，〔註23〕多次登門受教，正因爲如此，章太炎擴充浙東學派學統，下及黃氏父子。由此可知，章太炎將黃氏父子列入「浙東學派」，實際上蘊涵著深刻的學術背景。

第二節　浙東學派之學術特點

從章太炎談到「浙東學派」之言論中，可以彰顯出浙東學派有三項特點：一是尊史，二是重禮學，三是「雜采漢、宋」、「爲學不立門戶」。〔註24〕

〔註21〕萬斯大、萬斯同兄弟，章氏論其：「稱説《禮經》，雜陳漢宋」，以及「説禮者羈縻不絕」。而私淑黃宗羲的全祖望，據阮元《經史問答‧序》評論：「經學、史才、詞科三者兼長。」章學誠《文史通義‧浙東學術》也説：「浙東之學，言性命者，必究於史，此其所以卓也。」可知，「浙東學派」學者重在融經學、史學、文學與理學於一爐。

〔註22〕章太炎：〈黃先生傳〉，《章太炎全集》，卷4，頁214。

〔註23〕按：章太炎「數謁（以周）先生」事，見王逸明：《定海黃式三黃以周年譜稿》，《新編清人年譜稿三種》，第七十二頁：「光緒十六年庚寅（1890），以周先生六十三歲——以周在南菁書院主講。……章炳麟（本年二十三歲）在詁經精舍從俞樾學，數謁以周。」章炳麟〈黃先生傳〉亦曰：「余少時從本師德清俞君（俞樾）游，亦數謁先生（黃以周）。先師（俞樾）任自然，而先生（黃以周）嚴重經術，亦各從其性也。」

〔註24〕詳參周積明、雷平：〈清代學術研究若干領域的新進展及其述〉，《清史研究》，2005年第3期，頁120。

茲分項條述如下：

一、尊　史

浙東史學之興盛不衰，肇因於黃宗羲提倡「經世致用」之學術思想，開啓有清一代之新學風。其在史學上之貢獻，是編纂《明儒學案》與《宋元學案》兩部中國完善之學術史。萬斯同以布衣身份參與《明史》修撰，不署銜、不受俸，五百卷《明史稿》，皆出其手定。章太炎在所撰〈清代學術之系統〉中說：「清代作史者，首爲萬斯同的《明史稿》。」〔註25〕洵非虛言。作爲浙東史學殿軍之章學誠，其所著《文史通義》和《校讎通義》、《史籍考》等書，亦強調「經世致用」之思想，並力求學術研究要與當前社會需要密切結合。此種學術思想，對「浙東學派」有深遠的影響力。梁啓超認爲：

> 浙東學風，從梨洲、季野、謝山起以至於章實齋，鬱然自成一系統，而其貢獻最大者實在史學。〔註26〕

評價頗爲中肯，因爲浙東史學一改唯考據、整理古籍之舊學風爲貴創造發明之新學風，提倡學術經世致用。章太炎所著之〈清儒〉一文，闡述清代學術系統之脈絡，對當代學者有極大的影響力。梁啓超重新強調浙東學派「尊史」之特點，並認爲史學是推動民族主義之重要器具。因此周予同（1898～1981）說：

> 梁啓超論述《中國近三百年學術史》，實在是從章太炎〈清儒〉那裡來的。〔註27〕

可見，梁啓超對清代學術史之研究，深受章太炎之影響。綜上所述，足證「尊史」是清代浙東學派重要且不容輕忽之特點之一。

二、重禮學

章太炎在構建浙東學派學術譜系時，除重視史學之長外，更強調浙東學派兼採漢、宋和長於禮學之特點。此一思路不僅體現在指出萬斯大和萬斯同兄弟「稱說《禮經》，雜采漢、宋」，而且強調「浙東學術，說《禮》者鱗慶

〔註25〕章太炎講，柴德賡記：〈清代學術之系統〉，《師大月刊》，第 10 期，1934 年 3 月。

〔註26〕梁啓超：第八章〈清初史學之建設〉，《中國近三百年學術史》，頁 135。

〔註27〕周予同曰：「要了解清朝三百年學術史，一定要讀這篇〈清儒〉，它是清代學術的概論。」，見朱維錚編：《周予同經學史論著選集》（增訂本）（上海：上海人民出版社，1996 年），頁 836～837。

不絕」。〔註28〕定海黃式三、黃以周父子是晚清禮學大家，《清儒學案・儆居學案》稱：

> 儆居博綜群經，尤長三《禮》，謹守鄭學而兼尊朱子。嘗謂：「讀書而不治心，猶百萬兵而亂之。以周少承家學，以爲三代下之經學，漢鄭君、宋朱子爲最。」……東南稱經師者，必曰黃氏盛矣。〔註29〕

在南菁書院時，黃以周秉承詁經精舍之傳統，「以博文約禮、實事求是爲教。一時東南俊彥，著籍爲弟子者，先後達千餘人」。〔註30〕黃氏父子的學術思想在江浙的影響，可想而知。章太炎雖未眞正列黃以周門牆，但「數謁先生」，多次登門受教，對黃以周之學養深爲崇敬，並稱譽黃以周是晚清堪與俞樾、孫詒讓鼎足而三之大師。〔註31〕可見，黃以周之學術思想深受章太炎之推崇。

三、爲學不立門戶：兼采漢、宋

浙江漢學興起較晚，阮元於嘉慶初年創建詁經精舍後，「兩浙人士，聞風興起，從事訓詁考訂的學者，逐漸增多」。〔註32〕其中著名的學者有黃式三父子、俞樾、孫詒讓等。這些學者均持漢、宋兼採的態度，反對門戶之見。阮元曰：

> 兩漢名教得儒經之功，宋、明講學得師道之益，皆於周、孔之道得其分合，未可偏譏而互詆也。〔註33〕

兩漢經師祖述周公、孔子儒學之精義；宋、明理學家繼承孔、孟心法，闡發心性之微言大義，遂形成後世所謂之師儒名教。可見漢學、宋學皆推尊周、孔，實爲同源，本不應互相攻訐。在阮氏學術思想的影響下，晚清浙江治漢學者，黃氏父子外，還有許宗彥（1768～1819）、金鶚（1771～1819）、徐養原（1758～1825）、俞樾等。大都與精舍有某種聯繫，或主持講學，或肄業其中。精舍課士以漢學爲主，但不排斥宋學。黃式三父子力主漢、宋兼採，反對強樹門派。黃以周更是以「以禮學爲理學」的口號，強調漢、宋調和的必

〔註28〕詳參章太炎：〈清儒〉，《章太炎全集》，頁474。
〔註29〕徐世昌：〈儆居學案上〉《清儒學案》，卷153，頁5931。
〔註30〕洪煥椿：《浙江文獻叢考》，頁250。
〔註31〕詳參章太炎：〈說林下〉，《章太炎全集》，卷4，頁119。
〔註32〕張舜徽：《清儒學記》（武漢：華中師範大學出版社，2005年），頁190。
〔註33〕〔清〕阮元：〈擬國史儒林傳序〉，《揅經室集》（上）（北京：中華書局，1993年），頁37。

要性。在禮學上尤有發明，所撰《禮書通故》一書，兼採諸家之說，使諸先儒紛紜之說渙然冰釋。梁啓超認爲「禮學的價值到底怎麼樣呢？幾千年很瑣碎、很繁重的名物、制度、禮節，勞精蔽神去研究他，實在太不值了。」〔註34〕對於清代《禮》學之評價不高，卻肯定黃以周之《禮書通故》爲「集清代《禮》學之大成」〔註35〕。

「浙東學派」的研究，在清代學術研究中向來受到關注。清中葉以來，章學誠、章太炎、梁啓超、錢穆等學者先後對「浙東學派」發表自己的見解。從章學誠到章太炎到梁啓超，因個人情感、意志和價值取向之影響，而構建出風貌迥異的學術譜系。梁啓超對「浙東學派」的論說有別於章太炎。梁啓超呼應章學誠，一再強調「浙東學派」「尊史」的特點，而忽視章太炎關注的「禮學」和「雜采漢、宋」。因而將黃式三、黃以周父子從章太炎所列舉的「浙東學派」譜系中刪去。但此舉並不影響黃式三、黃以周父子在晚清禮學的地位。在晚清激盪的社會變革與演進中，「不立門戶，調和漢、宋」，已成爲推動清季禮學思想之重要契機，此乃不爭之事實。

第三節　黃以周禮學思想之路徑

黃以周繼承家學，七歲開始讀《小戴記》〔註36〕，初識禮學。讀書循序漸進，學不躐等，逐漸研習群經，發揚漢學而不拘漢、宋門戶。其《三禮》之學承自父親黃式三，一脈相傳，卓然有成。他讀秦蕙田的《五禮通考》，自咸豐十年（1860 年）起開始作札記，歷十九年而成《禮書通故》，學者視爲「體大思精」之作。茲述黃以周禮學思想之路徑，如下：

一、考辨《三禮》，正本清源

黃以周幼承家學，對於禮學名物的考訂功夫，是自幼而然。其所學所道，不脫「禮」之範疇，並以「禮」爲學術之本。黃以周認爲《三禮》尤爲宗主，凡詳考禮制，多正舊說之誤，釋後人之疑。茲舉證如下：

〔註34〕梁啓超：第十三章〈清代學者整理舊學之總成績〉（一），《中國近三百年學術史》，頁 269。

〔註35〕同上注，頁 267。

〔註36〕唐文治：〈黃元同先生學案〉：「先生幼承家學，七歲讀《禮記》，旋受《士禮》、《周官》諸經，依次終業。十數歲即銳意著述。」，《茹經堂文集》，卷 2，頁127。

〈宗廟禮通故〉第 7 條：

鄭玄說：周制七廟，太祖與文、武二祧，與親廟四。王肅云：「天子
七廟，謂高祖之父及高祖之祖廟爲二祧，并始祖及親廟四爲七。周
之文、武，受命之王，非常廟之數。凡七廟者，皆不稱周。〈禮器〉
云：「有以多爲貴者，天子七廟。」孫卿云：「有天下者事七世。」
今使天子諸侯立廟，並親廟四而止，則君臣同制，尊卑不別。張融
云：「《周禮》守祧職『奄八人，女祧每廟二人』。自太祖以下，與文、
武及親廟四用七人，姜嫄廟用一人，適盡。若更加文、武，則奄少
二人。〈曾子問〉孔子說周事而云『七廟無虛主』，若王肅數高祖之
父、高祖之祖廟，與文、武而九。主當有九，何以云：『七廟無虛主』？
故云：以《周禮》、孔子之言爲本，《穀梁》及《小記》枝葉，韋玄
成、《石渠論》、《白虎通》爲證驗，七廟斥言，玄說爲長。」〔註37〕

以周案：

漢韋玄成等議云：「周之所以有七廟者，以后稷始封，文王、武王受
命而王，是以三廟不毀，與親廟四而七。」《石渠論》、《白虎通》並
云：「周以后稷、文、武特七廟」，是即鄭說所本也。王肅據劉歆說，
謂文、武非廟之數。《穀梁傳》以爲天下三昭三穆，與太祖之廟而七，
與韋玄成二昭二穆、文武世室及太祖廟而七之說異。其云宗不在正
廟數中者，舉殷三宗，斥言周成王，而謂文、武受命之王亦如三宗，
不在七廟正數。此王肅之臆說，劉歆無此言也。〔註38〕

案：黃以周《禮書通故》論《禮記・王制》：「天子七廟，三昭，三穆，與大
祖之廟而七。」〔註39〕鄭玄隨文注解天子立宗廟諸多事宜。而黃以周節引鄭
玄之注解來詮釋「天子七廟」〔註40〕之各家說法。黃以周考帝王禮典，務在

〔註37〕　〔清〕黃以周撰、王文錦點校：《禮書通故》，頁 723～724。
〔註38〕　同上註，頁 723～724。
〔註39〕　〔唐〕孔穎達疏：〈王制〉：「天子七廟，三昭三穆，與大祖之廟而七。」注：
「此周制。七者，大祖及文王、武王之祧，與親廟四。大祖，后稷。殷則六
廟，契及湯與二昭二穆。夏則五廟，無大祖，禹與二昭二穆而已。」見《禮
記正義》，卷 12，頁 241。
〔註40〕　同上註，〈王制〉：「鄭氏之意，天子立七廟，唯謂周也。鄭必知然者，按《禮
緯稽命徵》云：『唐虞五廟，親廟四，始祖廟一。夏四廟，至子孫五。殷五廟，
至子孫六。』《鈎命決》云：『唐堯五廟，親廟四，與始祖五。禹四廟，至子
孫五。殷五廟，至子孫六。周六廟，至子孫七。』鄭據此爲說，故謂七廟，

求通以告後聖可行，及天子立廟之典。因此，根據鄭玄之說，旁徵博引，來
辯駁王肅之臆說。

二、詮釋禮義，兼采漢、宋

宋鄭樵（1104～1162）〈六書略‧六書序〉云：「聖人之道，惟藉六經；六
經之作，惟藉文言；文言之本，在於六書。六書不分，何以見義？」〔註41〕
說明要解析六經之文義，須從分析文字結構理論的六書著手。黃以周〈說文
解字補說序〉亦云：

> 古聖既往，道載於文。六經之外，無所謂道，六書之外，無所謂
> 文。故欲譚道者先通經，欲通經者先識字。以周夙承庭訓，治經有
> 年。〔註42〕

〈經訓比義敘〉又云：

> 離故訓以談經而經晦，離經以談道而道晦。〔註43〕

古聖之思想學說，記載於六經上，後代學者欲貫通經書義理，仍然要用傳統
之六書去分析文字之結構與義涵。在〈說文解字補說敘〉說明六書的理論，
一直受到眾多學者的高度重視。清儒治經所以超越前儒，在於能以聲韻訓詁
來解析經文。因此，以周在〈答劉藝蘭書〉言：「去漢學之瑣碎而取其大，絕
宋學之空虛而覈諸實。以周久有志焉。」〔註44〕，他主張漢、宋兼採之心志，
由此可見。

黃以周〈經訓比義敘〉云：

> 經者，聖賢所以傳道也。經之有訓詁，所以明經而造乎道也。儒者
> 手披口吟，朝夕無倦，孰不有志於聞道？顧或者辨聲音、定章句，
> 專求乎訓詁之通，而性命之精，仁義之大，一若有所諱而不言。言

周制也。周所以七者，以文王、武王受命，其廟不毀，以爲二祧，並始祖后
稷，及高祖以下親廟四，故爲七也。若王肅則以爲天子七廟者，謂高祖之父，
及高祖之祖廟爲二祧，並始祖及親廟四爲七，故《聖證論》肅難鄭云：『周之
文武受命之王，不遷之廟，權禮所施，非常廟之數。殷之三宗，宗其德而存
其廟，亦不以爲數。凡七廟者，皆不稱周室。』……難鄭之義，凡有數條，
大略如此，不能具載。」見《禮記正義》，卷12，頁241。

〔註41〕〔宋〕鄭樵撰：〈六書略第一‧六書序〉：「經之有六書，猶弈之有二棋，博之
　　　　有五木。」見《通志二十略》（北京：中華書局，1995年），頁233。

〔註42〕〔清〕黃以周撰：《儆季文鈔》，卷2，頁19。

〔註43〕同上注，頁7。

〔註44〕同上注，卷3，頁17。

之者，或又離訓詁以談經而經晦，離經以談道而道晦。甚且隱陋乎
孔聖，而顯斥乎曾、孟諸子，此豈求道之所宜爲哉？夫聖賢之經，
儒說之權衡也。儒說之是非，以經質之；經義難明，以經之故訓核
之；經故不可偏據，以諸經之相類者融貫之。〔註45〕

漢學所長者，在於考據訓詁詳實，而疏略經書義理之詮釋；宋學所勝者，在
於闡述義理精明，而缺乏徵實考證。因此，學者研究經學，應力求融會考據、
義理之長，而達漢、宋調和之目標，不可以有所偏執。因此，黃以周提出「以
禮學爲理學」的口號，強調漢、宋調和的必要性：

博文約禮，聖門正訓。學者欲求孔聖之微言大義，必先通經。經義
難明，必求諸訓詁聲音，而後古人之語言文字乃憭然於心目。不博
文，能治經乎？既治經矣，當約之以禮。〔註46〕

禮者，理也，天理之秩然者也。考禮即窮理。後儒舍禮而言理，禮
必實徵往古，理可空談任臆也？欲挽漢、宋學之流弊，其惟禮學
乎！〔註47〕

黃以周既反對漢學家專研考據訓詁，而疏忽義理之失，又反對理學家空談天
理性命，而缺乏徵實之弊。因此，他提出「考禮即窮理」，就是倡導禮學研究
要融會漢學與宋學之長。黃以周批評當時一些學人持平漢、宋，不過是調停
兩是：

今之調停漢、宋者，有二術：一曰兩通之，一曰兩分之。夫鄭、朱
之說，自有大相逕庭者，欲執此而通彼，瞀儒不學之說也。鄭注之
義理，時有長於朱子，朱子之訓詁，亦有勝於鄭君。必謂訓詁宗漢，
義理宗宋，分爲兩戒，亦俗儒一孔之見也。〔註48〕

可見黃以周對漢儒、宋儒治經之態度與方法，有所批判與闡發。顧炎武提倡
「經學即理學」主要是針對明末理學空疏而發，黃以周倡導「以禮學爲理學」
則在救漢、宋學之弊。其《禮書通故》、《禮說略》、《經訓比義》等著作，皆
是漢、宋兼採而能創通大義之力作。晚年撰《子思子輯解》七卷，述孔、孟

〔註45〕〔清〕黃以周：〈敘目〉，《經訓比義》（臺北：廣文書局，1977 年 1 月），卷首，
　　　　頁 11。
〔註46〕繆荃孫：〈中書銜處州府學教授黃先墓誌銘〉，《續碑傳集》（上海：上海古籍
　　　　出版社，1987 年），卷 75，頁 1195。
〔註47〕同上注，頁 1195。
〔註48〕〔清〕黃以周：〈南菁書院立主議〉，《儆季文鈔》，卷 6，頁 33。

之間的學術傳衍，體現了回歸先秦儒學的努力。足證清儒治經所以超越前儒，在以聲音訓詁貫穿經文。茲舉證如下：

黃以周〈經訓比義‧敘目〉云：

> 道必宗經，訓亦式古，而區區之意，尤在使知族類、行比義焉。庶或心知古意，不惑歧途也。因取《國語》世蕈之言，以命其書，分為上、中、下卷，凡二十四目。〈卷上〉命、性、才、情、欲、心、意。〈卷中〉道、理、仁、禮、智、義、信。〈卷下〉忠、恕、靜、敬、剛、中、權、誠、聖、鬼神。〔註49〕

在《經訓比義》一書中，黃以周從「命、性、才、情、欲」等文字意旨之考證訓詁，到「仁、禮、智、義、信」等教化義理之闡述與詮釋。

《經訓比義‧仁、禮、智、誼、信》云：

> 《易‧文言傳》：元者，善之長也。亨者，嘉之會也。利者，義之和也。貞者，事之幹也。君子體仁足以長人，嘉會足以合禮，利物足以和義，貞固足以幹事。〔註50〕

> 何棲鳳〔註51〕曰：「仁為木主春，故配元為四德之首。君子體仁，故有長人之義也。禮是交接會通之道，故以配享五禮，有吉、凶、軍、賓、嘉，故以嘉合於禮也。利者，裁成也。君子體此利以利物，足以合於五常之義。貞，信也。君子貞正，可以委任於事。」《論語》曰：「敬事而信，故幹事而配信也。」〔註52〕

> 案：此言君子則天而行此四德也。《易》曰：貞固；曰：不可貞；曰：貞凶、貞屬；曰：小貞吉、大貞凶，皆有固守之義，當以貞為信也。貞於四時為冬，於五行為水。天下之水，莫神於潮，而潮信往來，可以時刻定。故孔聖於〈坎傳〉言：不失其信，坎居北方，為冬為水。〔註53〕

黃以周節引《易‧文言傳》所言「元亨利貞」之義涵，來闡述君子法天道而

〔註49〕〔清〕黃以周：《經訓比義》，卷首，頁12。

〔註50〕同上注，卷中，頁155。

〔註51〕何妥，字棲鳳，南北朝時西城（今安康）人。撰有《周易講疏》13卷、《孝經議疏》3卷、《莊子議疏》4卷、《三十六科鬼神威應等大議》9卷、《封禪書》1卷、《樂要》1卷、《何栖鳳文集》10卷等，刊行於世。

〔註52〕同註48，卷中，頁155～156。

〔註53〕〔清〕黃以周：〈仁、禮、智、誼、信〉，《經訓比義》，卷中，頁157。

行此四德，則可以敬事而信。黃以周《經訓比義》一書中，引證經典古籍之言論，考證文字訓詁，來詮釋文章義理，體現自己漢、宋兼採之主張。

三、條貫大要，會通諸經

《禮書通故》是貫通《三禮》綜合研究之作，博採漢唐迄清的禮說而不拘泥於一家之言，破除門戶之見。自有清一代的禮學研究，以上溯禮學發展的源流。黃以周《禮書通故·敘目》云：

> 夫西京之初，經分數家，東京以來，家分數說。一嚴其守，愈守愈精，一求其通，愈通愈密。諸博士，其守之精者也；戴、許二書，其通者也；鄭所注書，囊括大典，綱羅眾家，其密者也。唐、宋以來，禮學日微，好深思者，或逞肊說；好述古者，又少心得。究其通弊，不出兩軌。以周不揣譾陋，綴入異聞，不敢立異，亦不敢苟同，爲之反復羣書，日夜覃思。賢者識大，不賢識小，道苟在人，何分扃涂？上自漢、唐，下迄當世，經注史說，諸子雜家，誼有旁涉，隨事輯錄。〔註 54〕

黃以周有感於自兩漢以來，今古文經學家一嚴其守、一求其通，各持己見。自鄭玄注《三禮》，囊括大典，綱羅眾家，兼容今古文經之長。唐、宋以來，禮學日微，肇因於專取一說之弊，因此，黃以周對禮學之探討，於精嚴之外，更力求博通之道。《禮書通故》既然是會通諸禮經之作，因此辨彰各篇眞僞，成爲撰述本書之重要課題，闡說鄭注，亦訂正鄭注。

黃以周《禮書通故》編撰不易，成書後又經數次改訂，可見其精益求精之心志。《禮書通故》在清儒禮學家作品中，成書最晚，囊括了《三禮》的種種內容，可謂爲集清代禮學之大成。俞樾《禮書通故·序》云：

> 君爲此書，不墨守一家之學，綜貫群經，博采眾論，實事求是，惟善是從。故有駁正鄭義者，如綏以屬武非飾纓，射者履物正足非方足，是也。有申明鄭義者，如冠弁委貌爲正義，或以爲玄冠者，別一說，非謂冠弁即玄冠；婦饋舅姑，共席于奧，謂二席並設，非謂舅姑同席，是也。略舉數事，雖其小小者，然其精審可知矣。〔註 55〕

黃以周撰述《禮書通故》一書不墨守一家的說法，而是貫通群經，採集諸家

〔註 54〕　〔清〕黃以周撰、王文錦點校：《禮書通故》，頁 2721～2722。
〔註 55〕　同上注，頁 2。

學說，講求考據，且能擇善而從。全書的旨趣不在資料的匯集編纂，而著眼於辨析是非。對《三禮》經注有不同理解之處，作者按順序選錄幾家有代表性的見解，然後加上案語，進行分析、綜合，提出自己的見解。探討的範圍涉及到經注史說，諸子雜家，正符合黃以周「囊括《三禮》，博綜制度」的創作原由。黃以周〈示諸生書〉云：

> 漢儒注書，循經立訓，意達而止，於去取異同之故，不自深剖，令讀者自領之，此引而不發之道也。至宋儒，反復推究，語不嫌詳，已有異於漢注，今人著書，必臚列舊說，力為駁難，心中所有之意，盡寫紙上，并有異於宋人。而好學深思之士，閱宋後書而惟恐臥，日夜讀漢注而不知倦者，何也？……夙者《禮書通故》，志在發明經意，而舊說之得失不加詳辨，時存有餘不敢盡之意。〔註56〕

漢儒注書，循經立訓，以達意為宗旨；宋儒，反復推究，以窮理為原則。漢、宋諸儒注書，大異其趣。而《禮書通故》之創作，乃在於「發明經意」，會通諸經，闡明古禮之意涵。茲舉證如下：

〈衣服通故〉第 6 條：

> 叔孫通云：「凡冕版廣八寸，長尺六寸。」董巴云：「廣七寸，長尺二寸。」應劭云：「廣七寸，長八寸。」司馬彪云：「明帝永平二年，詔有司采《周官》、《禮記》、《尚書‧皋陶篇》，乘輿服從歐陽氏說，公卿以下從大、小夏侯說。冕皆廣七寸，長尺二寸，前圓後方，前垂四寸，後垂三寸，用白玉珠十二旒，三公諸侯七旒，青玉，卿大夫五旒，黑玉，皆有前無後。」〔註57〕

以周案：

> 《說文》：「瑬，垂玉也，冕飾。」〈弁師〉作「斿」，《戴記》作「旒」，《大戴》〈子張問入官篇〉：「冕而前旒，所以蔽明也。」《晏子外篇》：「冕前有旒，惡多所見也。」東方朔〈答客難〉亦云「冕而前旒」。諸文並言前旒，不言後旒，前旒義取蔽明，後旒無所取也。〈弁師〉言王之五冕皆五采繅十有二就，《禮記》言天子玉藻十有二旒亦甚多，並未有云二十四斿者。鄭注、孔、賈二疏義同。歐陽謂天子前後垂旒各十二，非經義也。江慎修從大、小夏侯說云：「冕而前旒，

〔註56〕〔清〕黃以周撰：《儆季文鈔》，卷 4，頁 15。
〔註57〕同註 54，頁 77～78。

所以蔽明，則無後旒可知。謂前後皆有旒，此因〈玉藻〉前後邃延
而誤耳。前後邃延，謂板長尺六寸。自延端至武前後皆深邃，非謂
後亦有旒。」江說是也。冕版廣長之數，說人人殊。皇侃以董巴《輿
服志》所云爲諸侯之冕，應劭《漢官儀》所云爲卿大夫之冕，〈王制〉
孔疏駁之。〔註58〕

黃以周節引《周禮注疏》叔孫通之說法〔註59〕，說明「冕」之廣長如何？並
引《春秋左傳正義》之疏，節引董巴、應劭（約 153～196）、司馬彪（243～
306），諸家之見解〔註60〕，說明「冕」之形式制度。在案語中，黃以周又引
《說文》、《戴記》、《大戴》、《晏子外篇》等諸家之說明「冕」之形制，並區
分諸侯之冕與卿大夫之冕有別。由此可見，《禮書通故》一書之內容是條貫大
要，會通諸經的。

四、以禮解經，以禮代理

自清初大儒顧炎武倡言「經學即理學」的思想，繼清中期凌廷堪、阮元
「以禮代理」學說之後，宋學、漢學囿見，甚囂塵上。錢穆云：「宋儒重義理，
故言『理』，東原、次仲重考據，故言『禮』，……夫而後東原深斥宋儒以言
理者，次仲乃易之以言禮。同時學者里堂、芸臺以下，皆承其說，一若以理、
禮之別，爲漢、宋之鴻溝焉。」〔註61〕清代中葉，戴震深斥宋學家所言之「理」，
凌廷堪乃易之以言「禮」，在當代學者之推波助瀾下，使得「理」、「禮」之別，
成爲漢、宋之爭的關鍵。

〔註58〕 同注 54，頁 77～78。

〔註59〕 〔唐〕賈公彥疏〈弁師〉：「叔孫通作《漢禮器制度》，取法於周，今還取彼以
釋之。按彼文，凡冕以版，廣八寸，長尺六寸，以此上玄下朱覆之，乃以五
採繅繩貫五採玉，垂於延前後，謂之『邃延』。故〈玉藻〉云：『天子玉藻，
前后邃延，龍卷以祭是也。』」《周禮注疏》，卷 32，頁 482。

〔註60〕 〔唐〕孔穎達：「沈引董巴《輿服志》云：『廣七寸，長尺二寸。』應劭《漢
官儀》云：『廣七寸，長八寸。』沈又云廣八寸，長尺六寸者，天子之冕；廣
七寸長尺二寸者，諸侯之冕；廣七寸，長八寸者，大夫之冕。但古禮殘缺，
未知孰是，故備載焉。司馬彪《漢書・輿服志》云：『孝明帝永平二年，初詔
有司采《周官》、《禮記》、《尚書》之文制冕，皆前圓後方，朱里，玄上，前
垂四寸，后垂三寸。天子白玉珠十二旒，三公、諸侯青玉珠七旒，卿大夫黑
玉珠五旒，皆有前無後。』此則漢法耳。」見《春秋左傳正義》，卷 5，頁
92。

〔註61〕 錢穆：第十章〈焦里堂阮芸臺凌次仲〉，見《中國近三百年學術史》下冊（臺
灣：臺灣商務印書館，1997 年），頁 546～547。

　　晚清時期，漢、宋調和成為學術主潮，亦助長理學與禮學融合的趨勢。定海漢學家黃式三、黃以周父子會通漢、宋，主要體現在禮經研治方面。黃式三博綜群經，考經辨史，著有〈復禮說〉、〈崇禮說〉、〈約禮說〉等三篇，推衍戴震、凌廷堪、阮元等人的學術理念，建構禮學的新路向。他語重心長的指出，禮學的重要：

> 後世君子，外禮而內德性，所尊或入於虛無；去禮而濫問學，所道或流於支離。此未知崇禮之為要也。不崇禮，即非至德，何以能凝至道？〔註62〕

黃式三認為禮學是踐履聖人之道的途徑，而一些漢、宋學者的失誤，就在於沒有以禮學作為尊德性和道問學的指針，以致所闡發的學說空洞浮泛。黃以周承繼其父式三的禮學思想而有所發展，提出「禮學即理學」之說，以融貫漢學與宋學。他同樣給予禮很高的評價：

> 古人言學，近之以治其身心，遠之以治其國家，不越乎禮。禮也者，誠正之極則，治平之要道也。〔註63〕

黃以周推展其父之理論，強調禮為修身、齊家、治國、平天下之基礎。更借助於顧炎武提出的「禮學即理學」思想，在禮學與理學之間建立了聯繫：

> 經以載道，經學即是理學，經學外之理學為禪學，讀《日知錄》可會之。考據間有未明，義理因之而晦。〔註64〕

黃以周倡言以「經學」貫通「禮學與理學」，主張「通經以求義理」，他認為：「經者，聖賢所以傳道也。經之有訓詁，所以明經而造乎道也。」〔註65〕因此，主張：「欲譚道者先通經，欲通經者先識字。」〔註66〕禮學為經學，亦即理學也，二者是互為表裏，考據明則義理明。顧炎武倡言「經學即理學」的主張，是針對明末理學空疏而發，而黃以周以「禮學為理學」的理念，則在救漢、宋學之弊，認為二者可以並行而不悖。

　　黃以周在南菁書院講席凡十五年，門生遍及江南。唐文治於21歲進入江陰南菁書院，受業於東南經學大師黃以周的門下，對禮學亦有深入的研究。在〈黃元同先生學案〉敘述：

〔註62〕黃式三：〈崇禮說〉，《儆居集·經說一》，頁18。
〔註63〕〔清〕黃以周：〈答周官問〉，《儆季文鈔》，卷4，頁11。
〔註64〕同上注，〈南菁書院立主議〉，《儆季文鈔》，卷6，頁33。
〔註65〕〔清〕黃以周：〈敘目〉，《經訓比義》，卷首，頁11。
〔註66〕同注53，〈說文解字補說敘〉，《儆季文鈔》，卷2，頁19。

> 亭林先生嘗謂經學即理學，經學外之理學爲禪學，故經學理學宜合
> 於一，不宜歧之爲二，乃體鄭君、朱子之訓，上追孔孟之經學。
> 〔註67〕

說明黃以周之禮學思想，乃前有所承，而非徒託空言。繆荃孫撰《墓志銘》
亦云：

> 先生言：「欲挽救漢、宋學之流弊，其惟禮學乎？或云『禮爲忠信之
> 薄』，是言一出而周衰，或云『禮豈爲我輩設』，是言一出而晉亂。
> 學術不明，而治術敝。」

> 先生以經學爲禮學，即以禮學爲理學，顧氏之訓，至此始闡。〔註68〕

黃以周感歎時局之動亂，社會之擾攘不安，皆肇端於學術不明，期盼力挽狂
瀾，以禮學來溝通漢、宋學術之爭，眞正落實了顧炎武「經學即理學」的主
張。

　　綜上所述，可知黃以周著《禮書通故》，歷十九年而成，這十九年也是晚
清社會最爲動盪不安的時期。《禮書通故》全書內容對我國歷代禮制的總結與
評判著墨甚多，隱寓著黃以周欲藉禮學以拯救世道人心之決心。因此，黃氏
父子提出「以禮學爲理學」的主張，亦代表著浙東禮學家對清代禮學思想的
反思與影響。俞樾在《禮書通故序》云：「君爲此書，不墨守一家之學，綜貫
群經，博採眾論，實事求是，惟善是從。」〔註69〕王文錦評《禮書通故》一
書亦云：「作者研討問題，堅持實事求是，不存門戶之見。比如《三禮》之學，
向以鄭玄注爲宗，而此書駁鄭處不下百條，其申鄭處亦復不少。」〔註70〕由
此可見，黃氏父子繼承浙東學派漢、宋兼採的傳統理念，又對該傳統有所超
越，這是黃氏父子學術成就最爲卓越之處。

小　結

　　黃以周紹承家學，在禮學研究方面，上追孔門「博文約禮」聖門之正訓，
發揚顧炎武「經學即理學」以禮經世之思想。以調和漢、宋來補偏救弊，使

〔註67〕唐文治：〈黃元同先生學案〉，《茹經堂文集》，卷2，頁129。
〔註68〕繆荃孫撰：《墓志銘》，參見徐世昌等編纂：《儆居學案下・附錄》，卷154，頁
　　　　5995～5996。
〔註69〕〔清〕黃以周撰、王文錦點校：《禮書通故》，頁2。
〔註70〕同上注，頁3。

考據與義理並行不悖。在黃氏父子之前，浙東學派的聲名與影響，主要是藉史學而彰顯的。而清代浙東學派發展到了黃氏父子階段，光大了浙東學派經學的地位。

　　黃以周既反對漢學家考據訓詁脫離義理之弊，又反對理學家空談天理性命缺乏徵實之弊。他提出「以禮學爲理學」之學說，就是要倡導以禮學研究，融會漢學與宋學。其《禮書通故》、《禮說略》、《子思子輯解》、《經訓比義》等書之內容，漢、宋兼采，實事求是，爲清代禮學研究的精贍之作，體現了他會通考證與義理的學術思想。梁啓超稱譽《禮書通故》「這部書可謂爲集清代禮學之大成」〔註71〕。黃以周推動了晚清禮學的傳承與流播，也反映了漢學家將經學禮學化的傾向。

〔註71〕梁啓超：〈清代學者整理舊學之總成績〉，《中國近三百年學術史》，頁267。

第五章 《禮書通故》成書與傳承考述

　　司馬遷在〈報任安書〉中揭櫫「究天人之際，通古今之變，成一家之言」
〔註1〕為創作《史記》之動機後，後世學者多奉為撰述著作之圭臬。「通古今
之變」的思想，涵蓋縱的傳承與橫的移植二種思想。《禮》學家往往不專一經，
因這門學問的性質本貫通羣經也。〔註2〕例如、唐代杜佑的《通典》、清代徐
乾學的《讀禮通考》、秦蕙田的《五禮通考》、黃以周的《禮書通故》等書，
他們透過自己的傳世巨作體現「通古今之變」〔註3〕的思想，成就其在中國學
術史上不朽的令名。

第一節 《禮書通故》名義溯源

　　清儒研究禮學，一重考禮，二重議禮。考禮者，考證古代禮制、儀文、
宮室、服飾、器物、度數等；議禮者，議論前代及當代的禮律和禮俗。〔註4〕
無論是考禮，還是議禮，清儒治禮學的目的都在參照古禮，來權衡當代之禮

〔註1〕〔漢〕班固著、〔唐〕顏師古注：〈司馬遷傳〉，《漢書》（臺北：鼎文書局，1987
　　　年），卷62，頁2735。
〔註2〕梁啟超：第十三章〈清代學者整理舊學之總成績（一）〉，《中國近三百年學術
　　　史》，頁267。
〔註3〕林時民：〈通古今之變」的史學傳統〉：「『通古今之變』即是要清楚歷史發展
　　　的『終始之變』，也就是弄清楚其因果關係。用史公的話即『稽其成敗興壞之
　　　理』，探尋歷史的發展及其規律性。」（臺北：《臺灣師大歷史學報》，2005年
　　　12月），第34期，頁35～58。
〔註4〕張壽安：《十八世紀禮學考證的思想活力：禮理爭論與禮秩重省》（臺北：中
　　　央研究院近代史所，2001年版），頁107。

制，端正民間之禮俗。《四庫全書總目提要》云：

> 通禮所陳亦兼《三禮》，其不得併於《三禮》者，註《三禮》則發明
> 經義，輯「通禮」則歷代之制皆備焉。爲例不同，故弗能合爲一類
> 也。〔註5〕

說明「通禮」除解釋禮書、發明經義外，更注重歷代典章制度、名物節文、宮室服飾之纂輯與考正源流、辨彰得失，可以涵蓋《三禮》。而註《三禮》者則致意於古禮的闡揚，因此二者不可混爲一談。例如《禮書通故》一書論歷代典制，全文在闡發古禮古意，使後學能掌握禮學、禮制經義的源流，明白先王制禮作樂的用意，進而激發探賾索隱的動力。章太炎在〈黃先生傳〉云：

> 《禮書通故》百卷，列五十目，囊括大典，揉此眾肎，本支敕備，
> 無尨不班，蓋與杜氏《通典》之比隆，其校竅異義過之。諸先儒不
> 決之義，盡明之矣。〔註6〕

推崇黃以周的《禮書通故》，認爲能夠博采先儒論禮、議禮之觀點，卻能疏通義理，探究疑義，發明禮學經義，彰顯禮儀制度的本義，援引擴展並加以申述，條分縷析古代禮制發展的脈絡，進而釐清《三禮》之學所延伸的相關問題，對後代研究禮學者裨益良多。〈禮書通故敘〉自敘體例云：

> 爰取卷首之名，以命其書其目，禮書一、宮室二、衣服三、卜筮四、
> 冠五、婚六、見子七、宗法八、喪服九、喪禮十、喪祭十一、郊十
> 二、社十三、群祀十四、明堂十五、宗廟十六、肆獻裸饋食十七、
> 時享十八、改正告朔十九、耤田躬桑二十、相見廿一、食廿二、飲
> 廿三、燕饗廿四、射廿五、投壺廿六、朝廿七、聘廿八、覲廿九、
> 會盟三十、即位改元號謚卅一、學校卅二、選舉卅三、職官卅四、
> 井田卅五、田賦卅六、職役卅七、錢幣市糴卅八、封國卅九、軍四
> 十、田獵四一、御四二、六書四三、樂律四四、刑法四五、車制四
> 六、名物四七、禮節圖表四八、名物圖四九、敘目五十。〔註7〕

由上述可知，《禮書通故》全書共一百卷，其書篇目廣大，幾涵蓋所有經部、子部論禮之書，以禮書源流居首，先釋宮室以下諸篇，順序大體是吉、凶、

〔註5〕 〔清〕永瑢、紀昀等撰：〈經部・禮類・通禮〉，《四庫全書總目提要》，卷22，
　　　　頁458。
〔註6〕 章太炎：〈黃先生傳〉，《章太炎全集》，卷2，頁214。
〔註7〕 〔清〕黃以周撰：《儆季文鈔》，卷2，頁2～3。

嘉、賓、軍等五禮，另外旁及圖、田制、學校、職官等多項，足證黃以周想要會通「諸經」而作此書之用心。書中如井田、田賦、職役、樂律、刑法、車制、名物諸門所研討的問題，大都出自《周禮》、《儀禮》、《禮記》三書，所以命名《禮書通故》，概念也是周延的。〔註 8〕胡玉縉〈禮書通故跋〉評其體例云：

> 是編發揚禮學，上自漢、唐，下逮當世，經注史說，諸子雜家，義有旁涉，率皆甄錄，去非求是，務折其中。足當體大思精四字。自《禮書通故》至《名物通故》，分四十七門，又有禮節圖。（案：敘目作儀節。本書有禮節圖表六，敘目未之及，蓋以賅之。）名物圖及敘目，凡五十目。前有俞樾序，稱其究天人之奧，通古今之宜。李慈銘《桃華聖解菴日記》，亦稱其於喪服最留心。故所詰足正前人之失，皆推挹甚至。〔註9〕

可知《禮書通故》一書，所記述的時代上起漢代，下迄於晚清，在縱面上傳承了禮學「通故」的思想，在橫面上，旁及諸子雜家「會通」的禮學思想，所徵引的內容，涵蓋〈禮書通故〉至〈名物通故〉，共四十七門，又有〈儀節圖〉、〈名物圖〉及〈敘目〉，共五十目。不僅內容力求「博通古今」、「會通眾說」之學術思想，更可以發揮「原始察終、見盛觀衰、承敝通變」之史學功效。〔註 10〕因此俞樾稱譽此書「究天人之奧，通古今之宜。」

第二節　《禮書通故》撰作動機

自清代《儀禮》學復興以來，從乾嘉到晚清以降，學者鑽研禮學之方法各異，例如黃以周的《禮書通故》的體例採用江永《禮書綱目》、秦蕙田《五禮通考》的方式，內容兼采五禮，但篇目則不以《儀禮》的士禮為限。茲說明《禮書通故》撰作動機如下：

一、受父親與浙東學術之影響

黃以周稟承庭訓，其《三禮》之學繼承自父親黃式三。黃式三著有《周

〔註 8〕〔清〕黃以周撰、王文錦點校：《禮書通故》，頁 2。
〔註 9〕同上注，頁 2723。
〔註 10〕林時民：〈「通古今之變」的史學傳統〉（《臺灣師大歷史學報》，第 34 期，2005 年 12 月），頁 39～40。

季緒略》、《論語後案》諸書，尤長於「三禮」，論郊禘、論學校，皆恪守鄭玄學說，所著《儆居集》，說經考禮，以精博著稱。《清代七百名人傳》云以周：

> 少傳父式三學，與從兄以恭作經課互質，督學吳存義試寧波以〈明堂考〉命題，以周據《隋書・宇文愷傳》，謂〈考工記〉夏后氏世室堂修二七，二爲衍文。存義實之。嘗居浙城，聞兵警，以周獨研索經義，積十晝夜，而知《孟子》夏五十，殷七十，周百畝之異，異在步尺，非在井疆，自謂足破二千年之疑難。其堅銳如比，初治《易》，著《十翼後錄》治群經，著《讀書小記》，而《三禮》尤爲宗主，以爲三代下經學，鄭君、朱子爲最，而漢學家破碎大道，宋學家棄經臆說，不合鄭、朱，何論孔、孟。〔註11〕

黃以周在父親的諄諄教誨與從兄的切磋琢磨下，開啓經學之堂奧，完成《禮書通故》巨著。黃氏父子提出「以禮學爲理學」的主張，代表浙東禮學家對清代禮學思想的反思與影響。俞樾在《禮書通故・序》云：「君爲此書，不墨守一家之學，綜貫群經，博採眾論，實事求是，惟善是從。」〔註12〕由此可見，黃氏父子繼承浙東學派漢、宋兼採的傳統理念，又對該傳統有所超越，這是黃氏父子學術成就最爲卓越之處。

二、受晚清漢學宋學之爭之影響

黃以周承襲父親黃式三治經「不拘漢、宋，擇是而從」〔註13〕的主張，要把「漢儒的研究名物訓詁和宋儒的闡釋經書義理」的理念相結合。並且視經書是聖學傳統，他說：「經者所以傳道也，經之有故訓，所以明經而造乎道也。儒者手批口吟，朝夕無倦，孰不有識於聞道？」〔註14〕認爲學者當努力研習經典學說，拳拳服膺儒家聖賢之道。《禮書通故・敘目》云：

> 夫西京之初，經分數家，東京以來，家分數說，一嚴其守，愈守愈精，一求其通，愈通愈密，諸博士其守之精者也。戴、許二書，其

〔註11〕 蔡冠洛：《清代七百名人傳》（臺北：明文書局，1985年6月《清代傳記叢刊》本），頁1696；《第四編・樸學・黃以周傳》，又此段與《清國史》，卷69〈儒林傳下〉文字幾全同，詳〔清〕國史館編：《清史列傳》（臺北：明文書局，1985年6月《清代傳記叢刊》本），〈黃以周傳〉，頁649。

〔註12〕 〔清〕黃以周撰、王文錦點校：《禮書通故》，頁2。

〔註13〕 〈黃式三子以周〉，《清史列傳》，卷69，頁5660。

〔註14〕 〔清〕黃以周撰：〈敘目〉，《經訓比義》（臺北：廣文書局，1977年），頁11。

> 通者也，鄭所注書，囊括大典，網羅眾家，其密者也。唐、宋以來，
> 禮學日微，好深思者，或逞臆說，好述古者，又少心得，究其通弊，
> 不出兩軌。〔註15〕

黃以周感慨前人研究禮學，專取一家之弊，或逞一己之臆說，而失之偏頗。因此，想要會通「諸經」而作此《禮書通故》，其書篇目廣大。對於漢、宋學的立場，以周認爲經書必須要還原聖學傳統，至於對宋、明以來的「理學」，則承接顧炎武「經學即是理學」的說法，並以爲治學的方法當以條貫大要，會通諸經爲準，其所學所道不脫「禮」〔註16〕。黃以周一方面傳承前輩學者的學術風格，一方面因應時代的變遷而有創新發展，「漢、宋兼采」、「經世致用」的學術主張，彰顯在晚清「以學術挽救人心」的禮學思想上。

三、受兵燹擾攘政局動盪之影響

晚清堪稱是烽火擾攘、政局動盪之時代。根據王逸明《定海黃式三黃以周年譜稿》曰：

> 道光二十年（歲次庚子，1840 年）六月八日，英軍陷定海。式三先
> 生五十二歲，以周先生十三歲。〔註17〕
> 道光二十一年（歲次辛丑，1841 年）二月、八月，英軍兩陷定海。
> 道光二十二年（歲次壬寅，1842 年）式三攜家寓居鎮海紫石村，閉
> 戶課子孫，重理舊稿。〔註18〕

黃以周在〈愛經居雜著敘〉云：

> 定海遭兵燹，吾先考挈家眷避鎮海。自此遂與兄長別離。〔註19〕
> 咸豐十年（歲次庚申，1860 年），式三先生七十二歲，以周先生三
> 十三歲，太平軍攻占鎮海。〔註20〕

〔註15〕　〔清〕黃以周撰、王文錦點校：〈敘目〉，《禮書通故》，頁 2721～2722。
〔註16〕　《清國史》記其事曰：「鎮海胡洪安悅象山之言，與以周縱言義理。以周曰：『經外之學，非所知也。』」詳〔清〕國史館編：〈黃以周傳〉，《清史列傳》（臺北：明文書局，1985 年 6 月《清代傳記叢刊本》），頁 649。
〔註17〕　王逸明：《定海黃式三黃以周年譜稿》：「《民國定海縣志》《故實志第十五》第十四頁：「道光二十年六月英吉利陷定海，知縣姚懷祥死。」，頁 22。
〔註18〕　同上注，頁 24。
〔註19〕　〔清〕黃以周：〈愛經居雜著敘〉，《儆居文鈔》，卷 2，頁 17。
〔註20〕　王逸明：《定海黃式三黃以周年譜稿》，頁 41。

道光二十年，英國出兵攻打中國，爆發第一次鴉片戰爭，首當其衝的地方，就是浙江定海。為避戰火，黃氏舉家遷居鎮海。咸豐十年，太平軍攻占鎮海。接踵而至的烽火，讓黃以周從十三歲開始，就親身經歷四次戰亂，感受到戰爭離亂之苦，黍離之悲。

鄧聲國在《清代五服文獻概論》一書中，指出晚清禮學家：「他們關注的焦點並非物質層面的東西，他們思考最多的是民族情節問題，這種民族情節使他們更加關注民間社會禮制敗壞和失衡現象。」〔註21〕誠然，歷經晚清在朝政上，內憂外患與戰亂紛擾之強烈衝擊；在學術氛圍上，新舊思潮更迭與西學東漸的雙重影響下，更激勵黃以周探研「禮學與理學」的關係，及對時代禮制的關懷。因此黃以周撰著《禮書通故》，對「吉、凶、軍、賓、嘉」五禮，均引經據典加以敘述，並增列「禮節圖」與「名物圖」，在詮釋、辨偽與校勘中，期盼能調和漢、宋，以因應清代學術補偏救弊的需要，並發揮儒家禮學內聖與外王「經世致用」的功能，以挽救衰頹的禮制與世道人心。

四、讀秦蕙田《五禮通考》之影響

秦蕙田，字樹峰，號味經，江蘇金匱（今江蘇無錫市）人。其所撰《五禮通考》為清代禮學之一大著作，歷來治禮者多參考此書。《四庫全書總目·禮類》評曰：

> 是書因徐乾學《讀禮通考》，惟詳「喪葬」一門，而《周官·大宗伯》所列五禮之目，古經散亡，鮮能尋端竟委，乃因徐氏體例，網羅眾說，以成一書。凡為類七十有五。以樂律附於吉禮宗廟制度之後；以天文推步、句股割圓，立「觀象授時」一題統之；以古今州國都邑山川地名，立「體國經野」一題統之；並載入《嘉禮》。雖事屬旁涉，非五禮所應該，不免有炫博之意。然周代六官，總名曰禮。禮之用，精粗條貫，所賅本博。故朱子《儀禮經傳通解》於《學禮》載鐘律詩樂，又欲取許氏《說文解字》序說及《九章算經》，為書數篇而未成。則蕙田之以類纂附，尚不為無據。其他考證經史，元元本本，具有經緯，非剽竊餖飣，挂一漏萬者可比。較陳祥道等所作，

〔註21〕 鄧聲國：〈清代「五服」研究概說〉，《清代五服文獻概論》（北京：北京大學出版社，2005 年），頁 142。

有過之無不及矣。〔註22〕

秦蕙田鑽研《三禮》，受清初學者徐乾學所著《讀禮通考》的啓發，決心在徐乾學研究喪禮的基礎上，以《周官》五禮：吉、凶、軍、賓、嘉分目，寫作《五禮通考》一書。《四庫全書總目》雖批評其有「不免有炫博之意」，但也稱許其「考證經史，元元本本，具有經緯」。秦蕙田匯古今諸儒聚訟之說，附以歷朝史志，爲之疏通駁解，條分縷析，對後學考禮者裨益良多。據黃以周《禮說》前言云：

> 初，予讀秦氏《五禮通考》，病其《吉禮》之好難鄭，《軍禮》之太阿鄭。每一卷戰，輒有作。既而譔《禮書通故》，遂輟業。前編舊稿，削存什五，長沙王祭酒栞《經解》，采入《續編》中，語與《禮書通故》同，皆舊作也〔註23〕。今復重定：刪六篇〔註24〕，入四篇〔註25〕，增卅四篇，皆補《禮書通故》所未備，凡七十六篇〔註26〕。癸巳春識。〔註27〕

黃以周讀秦蕙田《五禮通考》，「病其《吉禮》之好難鄭，《軍禮》之太阿鄭」，便提出實事求是的學術見解，寫下數十篇讀後筆記，來證成「禮是鄭學」（孔穎達《禮記正義》）之說。後來黃以周主講於江陰南菁書院（1883～1898），適逢江蘇學政王先謙在南菁書局刊刻《皇清經解續編》，黃以周便檢出舊稿，「削存十五」，共44篇，定書名爲《禮說略》，與另一部經學著作《經說略》同收入《續經解》叢書。光緒十四年（歲次戊子，1888）以周六十一歲，《禮書通故》開雕於黃氏試館。〔註28〕

〔註22〕〔清〕永瑢、紀昀等撰：《經部·禮類》，《四庫全書總目提要》，頁458。

〔註23〕即《皇清經解續編》，卷202之《禮說略》。

〔註24〕原作「刪五篇」，誤，應是刪六篇：《五門》、《九拜》、《立馬從馬》、《六尊》、《冕弁服》、《慈母服》。「五」遞改「六」。

〔註25〕「入四篇」，指從《皇清經解續編》卷二百三之《經說略》中抽出四篇：《儀禮周禮非古名說》、《周官賈疏有圖說》、《讀〈月令〉》、《讀〈樂記〉》，移入《儆季雜著》之《禮說》中，篇名稍有變，即今《禮說》之《周禮儀禮非古名》、《周官賈疏有圖》、《月令》、《樂記》。

〔註26〕《禮說略》本四十四篇，今「刪六篇，入四篇，增卅四篇」，適成今《禮說》七十六篇。

〔註27〕〔清〕黃以周撰：《禮說》，（據上海辭書出版社圖書館藏《清光緒二十年南菁講舍刻《儆季雜著本》影印），卷1，頁677。

〔註28〕王逸明：《定海黃式三黃以周年譜稿》：「光緒十九年刊《禮書通故》扉頁背面有牌記：『光緒癸巳（光緒十九年）孟夏黃氏試館刊成。』同書前附以周子家

　　光緒十九年（歲次癸巳，1893），黃以周在南菁書院擔任主講，《禮書通故》刊竣。黃以周在南菁書院編撰《儆季雜著》叢書時，重定舊作，保存了原《禮說略》中的 38 篇（原有 44 篇，刪去了 6 篇），新增 34 篇，又將另一部經學著作《經說略》中抽出有關禮學方面的 4 篇加入，成《禮說》共六卷 76 篇，皆補《禮書通故》所未備。〔註29〕茲說明如下：

〈肆獻祼饋食禮通故〉第 24 條：

> 鄭玄云：「〈大傳〉：『大夫士有大事，省于其君，干祫及其高祖。』大事，寇戎之事也。省，善也。干，猶空也。空祫，謂無廟祫祭之於壇墠。」

> 何休云：「大夫賜于君，然後祫其高祖。」

> 萬斯大云：「干，求也。祫，合祭也。必求于君而後得祫，則其常時但得特祭，不得合祭可知。」〔註30〕

以周案：

> 此據大夫士之有土者而言。《五經異義》說廟主條，引《公羊》說「卿、大夫、士，非有土子民之君，不得祫享序昭穆」，是其義也。大夫、士有大事，謂祫事也。大夫、士不具官，祫祭有公吏者，非時祭比。故必省諸君而後祫。大夫、士有祫而無禘，則禘大於祫，亦可見矣。大夫無高祖廟，故曰干祫，鄭注訓爲空祫，是。〔註31〕

案：黃以周引《禮記・大傳》中之說法〔註32〕，說明「干祫」之禮制及涵義，並引何休，萬斯大之見解〔註33〕，說明「干祫」之涵義。在案語中，黃以周

　　驚、家驥《記》稱：『《禮書通故》之刊，始戊子，終癸巳。……刻之南菁講舍。』推測此書系以周雇用南菁書院刻工刻之，而所謂『黃氏試館』並無專址，光緒十八年刊《軍禮司馬法考徵》亦署『黃氏試館』，其名只此兩見。」，頁 68～69。

〔註29〕同上注，頁 75～76。

〔註30〕〔清〕黃以周撰、王文錦點校：《禮書通故》，頁 769～770。

〔註31〕同上注，頁 770。

〔註32〕〔唐〕孔穎達疏：〈大傳〉，《禮記正義》，卷 34，頁 616。

〔註33〕萬斯大：《學禮質疑》：「據《祭法》則大夫、止有曾祖廟，將大夫亦不得爲大宗乎？斯大又變其說，謂大夫、士皆得祭高曾祖禰，引〈大傳〉曰：『大夫、士有大事，省於其君，干祫及其高祖。』今考孔《疏》：『祫，合也，謂雖無廟而得與有廟者合祭。』大夫蓋祫於曾祖廟而上及高祖，上士則祫於祖廟而上及曾祖、高祖，中士則祫於禰廟而上及祖與曾祖、高祖，又安得援爲皆得有廟之證乎？斯大又謂〈小記〉大夫、士之妾祔於妾祖姑，亡則中一以上

又引許慎《五經異義》說廟主條、《公羊》〔註34〕等諸家之說明，並區分大夫、士之祭禮有別。贊同鄭玄注：「祫祫訓爲空祫。」但查考《禮說・祫祫及其高祖》篇中所述：「鄭注：『以大事爲寇戎之事，省訓善。祫，訓空。空祫，謂無廟祭之於壇墠。』後儒皆以鄭義爲迂迴。」〔註35〕由此可見，黃以周糾正舊說，贊同鄭玄「祫祫訓爲空祫。」之解說。

綜合上述，可知《禮書通故》之成書，有其內因與外緣之關係。探討《禮書通故》成書之學術背景，更有助於理解晚清禮學發展之脈絡。

第三節 《禮書通故》纂修經過

咸豐九年（1859）黃式三七十歲，黃以周三十二歲。黃式三補去年作〈周季編略書後〉數語，黃以周爲父校讀《周季編略》。冬，黃式三輯舊作編爲《炳燭錄》，作〈炳燭錄敘〉。黃以周陸續撰述有關《禮》之諸文，是爲著《禮書通故》之始。〔註36〕王逸明《定海黃式三黃以周年譜稿》述《禮書通故》纂修經過：

> 以周三十歲以後好讀《禮》，苦難記憶，乃分類考之，薈萃舊說，斷以己意，撰《吉禮說》未竟。以兵燹（指明年太平軍事）輟業。旋以先人弃養（在同治元年十月），讀《禮》苦次。於小祥後（同治二年十月以後），撰《凶禮說》，合訂之，名曰《禮經通詁》，此書後改名《禮書通故》。〔註37〕

黃以周幼承庭訓，好讀《禮》，爲加強對《禮》之記憶，乃彙集眾說，分類考釋，因而有著作《禮經通詁》之意念產生。黃以周〈禮書通故敘〉云：

> 禮根諸心，發諸性，受諸命，秩諸天體之者聖，履之者賢，博文約禮，聖門正訓也。周六歲入塾識字，七歲讀《小戴記》，謹承庭訓，

而祔，則祔於高祖姑，是高祖有廟。」見《清史稿》，卷145，志120，頁4238。

〔註34〕〔漢〕許慎撰、〔漢〕鄭玄駁：《五經異義》：「或曰卿大夫士有主否？答曰：『案公羊說，卿大夫非有土之君，不得祫享昭穆，故無主；大夫束帛依神；士結茅爲菆。』（以上亦見《文獻通考》。）許慎據《春秋左氏傳》曰：『衛孔悝反祏於西圃。祏，石主也，言大夫以石爲主。』（《通典》四十八吉禮八）」（臺北：藝文印書館，原科景印《叢書集成續編》），頁34。

〔註35〕〔清〕黃以周撰：〈祫祫及其高祖〉，《禮說》，卷2，頁694。

〔註36〕王逸明撰：《定海黃式三黃以周年譜稿》，頁40。

〔註37〕同上注，頁40～41。

略識小節。三十而後潛孳諸禮，於經十七篇外，搜輯大、小《戴記》
及《周官》、《春秋傳》，分門編次，鑒定先後注疏家言，有禆經傳，
亦附錄之，平文大義，具彼書矣。而儒書之異同，別彙一編，遲之
數季，乃放戴君《石渠奏義》、許君《五經異義》，裒爲是書，草創
於庚申，告藏於戊寅，取卷首之名，以命其書其目。〔註38〕

《禮書通故》之成書，草創於庚申（咸豐十年，西元 1860 年），當時黃以周
三十三歲，《禮書通故》中之《吉禮說》部分作於本年。〔註39〕在旁徵博引歷
代禮學之古籍外，加上個人之案語，歷經十九年之苦心創作，終於在戊寅（光
緒四年，西元 1878 年）〔註40〕完稿。茲述《禮書通故》刊刻經過：

光緒十四年（歲次戊子，1888 年）黃以周六十一歲，本年《禮書通
故》開雕於黃氏試館。約于本年，俞樾應以周請，爲審讀《禮書通
故》，并序。《皇清經解續編》刊竣。《皇清經解續編》收錄以周《經
說略》、《禮說略》。黃式三《儆居集》續刊本本年刻竣。〔註41〕

光緒十九年（歲次癸巳，1893 年）黃以周六十六歲，以周在南菁書
院主講。《禮書通故》刊竣。重訂舊作《禮說略》，成《禮說》六卷。
又重訂《經說略》成《群經說》四卷，夏刊竣。〔註42〕

黃以周深究禮學之堂奧，開創出博古通今之著作理念。《禮書通故》編撰不易，
成書後又經數次改訂，可見其精益求精之撰述心志。

第四節　《禮書通故》流傳版本

古籍整理的出發點是版本，調查各種現存傳本，分析其間的關係，是版
本學的任務。〔註43〕誠然，探究版本之源流，攸關古籍點校之正確性。關於
《禮書通故》一書流傳至後代的版本，茲參酌王鍔《三禮研究論著提要》一
書與臺灣中文古籍書目資料庫之所述，敘述如下：

〔註38〕〔清〕黃以周：《元同文鈔》（清光緒南菁書院原刻《儆季雜著五種》本），卷
　　　　2，頁 3。
〔註39〕同注36，頁 41。
〔註40〕同注36，「戊寅年未載《禮書通故》告藏一事。」，頁 56。
〔註41〕同注36，頁 68。
〔註42〕同注36，頁 75。
〔註43〕喬秀岩：〈古籍整理的理論與實踐〉，《版本目錄學研究》（臺灣：臺北國家圖
　　　　書館出版社，2009 年），頁 5。

一、《禮書通故》流傳版本概述

《禮書通故》版本的源流，可分爲五種：

（一）原稿本：

五十目，一百卷。

未刊印。

（二）初印本（定海黃氏試館刊本）：

五十目，一百卷。

1. 現存清光緒十九年（1893），定海黃氏試館刊本，前附黃以周像。
〔註44〕
清光緒十九年（1893）刊《禮書通故》扉頁背面有牌記：「光緒癸巳（光緒十九年）孟夏黃氏試館刊成。」同書前附以周子家駕、家驥〈記〉稱：「《禮書通故》之刊，始戊子（1888），終癸巳（1893）。……刻之南菁講舍。」而所謂「黃氏試館」並無專址，光緒十八年刊《軍禮司馬法考徵》亦署「黃氏試館」，其名只此兩見。〔註45〕

2. 《續修四庫全書總目》載有清光緒癸巳十九年（1893）黃氏試館刻初印本，現收入《續修四庫全書・經部・禮類》第 111～112 冊。〔註46〕《清史稿・藝文志》將此書列入禮類總義之屬。

（三）重修本：

五十目，一百零二卷。

就初印本「清光緒十九年（1893），定海黃氏試館刊本」修改，分爲五十目，加上敍目，共一百零二卷。

（四）後定本：

就重修本做一些修改，未刊印。

（五）點校本：

五十目，一百零二卷。

王文錦點校，以重修本爲工作本，吸收黃家駕、黃家驥〈《禮書通故》校文〉的成果，對全書做全面而精到的校勘和標點。2007 年 4 月 1 日，北京中華書局出版。

〔註44〕王逸明撰：《定海黃式三黃以周年譜稿》，頁 86。
〔註45〕同上注，頁 68。
〔註46〕柯紹忞等：《續修四庫全書總目提要》，頁 626。

二、《禮書通故》現今流傳之版本

1. 《續修四庫全書》：上海古籍出版社出刊

   《禮書通故》清光緒十九年（1893）定海黃氏試館刊本，收入《續修四庫全書・經部・禮類》第111～112冊。

2. 華世本：

   影印華東師大圖書館藏清光緒十九年（1893）刻黃氏試館本，1976年，臺北華世出版社。

3. 王文錦點校本：

   2007年4月1日，北京中華書局出版，為現今流傳最普遍的版本。

   王文錦在〈點校前言〉說：

   > 讀黃以周之子黃家驚、黃家驥的《禮書通故校文》（以下簡稱《校文》）得知，《禮書通故》共有四個本子，即原稿本、初印本、重修本、後定本。我只見到初印本和重修本兩種刻本。所謂後定本，就是作者對重修本又做了一些修改，並未再刻。這個點校本以重修本為工作本，《校文》收有一百八十餘條校記，共十五頁，原來就刻在重修本的正文之前，我們沒有照排，而根據《校文》意見，對正文做了改補刪乙，並在有關各條後以《校文》名義出了校記。尤其是《校文》指出後定本的改動，一般我都照改，又於校記中保留了被改刪的文字。所以這個點校本，既在正文上反映了後定本的面貌，又在校記中保存了重修本的舊文。〔註47〕

   說明《禮書通故》共有四個本子，即「原稿本、初印本、重修本、後定本」。但王文錦只見到初印本和重修本兩種刻本。《禮書通故》結撰不易，成書後又經數次改訂刊刻。據黃以周之子黃家驚、黃家驥《禮書通故》校文，〈校文〉原附刻《通故》重修本卷首，王文錦整理本並未照排，而將其散入重修本各條之中，出以校記。〔註48〕王文錦以嚴謹的態度點校《禮書通故》，參酌「重修本」增補刪改，逐條做「校記」，並於「校記」中保存了「重修本」的舊文，讓研讀《禮書通故》點校本的讀者能夠考辨全文之脈絡。王文錦的弟子喬秀岩對王先生的點校有所增訂補益，並撰為〈覆校記〉。為研讀《禮書通故》點

〔註47〕〔清〕黃以周撰、王文錦點校：《禮書通故》，頁5。

〔註48〕顧遷：〈《禮書通故》所見黃以周之學風〉，《黃以周及其《禮書通故》研究》（南京：南京大學中國古代文學專業碩士論文，2008年6月），頁16。

校本的學者，開啓方便之門。

第五節 《禮書通故》學術傳承考述

黃以周撰述《禮書通故》一書，不墨守一家的說法，而是貫通群經，採集諸家學說，講求考據，且能擇善而從。探討的範圍涉及經註史說，諸子雜家，正符合黃以周「囊括三禮，博綜制度」的創作原由。茲探討《禮書通故》學術傳承考述，如下：

一、《禮書通故》與鄭玄《三禮注》相關議題考述

（一）鄭玄《三禮注》

鄭玄（康熙時避玄爲元，故清代版本中多作「鄭元」），北海郡高密縣人。東漢順帝永建二年（127）生，《後漢書》有傳：

> 鄭玄字康成，北海高密人也。八世祖崇，哀帝時尚書僕射。玄少爲鄉嗇夫，得休歸，常詣學官，不樂爲吏，父數怒之，不能禁。遂造太學受業，師事京兆第五元先，始通《京氏易》、《公羊春秋》、《三統歷》、《九章算術》。又從東郡張恭祖受《周官》、《禮記》、《左氏春秋》、《韓詩》、《古文尚書》。以山東無足問者，乃西入關，因涿郡盧植，事扶風馬融。融門徒四百餘人，升堂進者五十餘生。融素驕貴，玄在門下，三年不得見，乃使高業弟子傳授於玄。玄日夜尋誦，未嘗怠倦。會融集諸生考論圖緯，聞玄善算，乃召見於樓上，玄因從質諸疑義，問畢辭歸。融喟然謂門人曰：「鄭生今去，吾道東矣。」〔註49〕

鄭玄博覽群書，精通曆法、數學、占算。爲人澹泊名利，無意仕途。爲尋求名師，先到兗州，從前任刺史第五元學《京氏易》、《公羊春秋》、《三統歷》、《九章算數》；又到東郡，從張恭祖學《周官》、《禮記》、《左氏春秋》、《韓詩》、《古文尚書》。後因山東一帶再無名師，聞馬融之名，於是遊學陝西，歷經七年，盡得馬融之學。鄭玄遍訪名師，因而博通今古文經學。

鄭玄的《三禮注》是經學史上重要的成就，代表了整個漢代經學的集大成。曾國藩（1811～1872）在〈聖哲畫像記〉一文中說：「先王之道，所謂修

〔註49〕〔劉宋〕范曄：〈張曹鄭列傳〉，《後漢書》（臺北：鼎文書局，1987 年），卷35，頁 1207～1208。

己治人，經緯萬彙者何歸乎？亦曰禮而已矣。秦滅書籍，漢代諸儒之所掇拾，鄭康成之所以卓絕，皆以禮也。」鄭玄以爲禮乃是序列尊卑之制，以重敬讓之節。根據史籍記載，鄭玄關於禮學的著述，就有《周禮注》、《儀禮注》、《禮記注》、《喪服經傳注》、《喪服變除注》、《喪服譜注》《魯禮禘祫義》、《三禮圖》、《禮緯注》、《答臨孝存周禮難》等，凡百餘萬言。鄭玄遍注群經，且能將各經融會貫通，如：以《禮》注《易》，以《易》注《禮》、以《詩》注《禮》、以《禮》注《詩》等。因此范曄說：「鄭玄括囊大典，網羅眾家，刪裁繁誣，刊改漏失，自是學者略知所歸。」〔註50〕誠非虛言。

（二）《禮書通故》與鄭玄《三禮注》相關議題

黃以周之學術思想秉持古文經學家法，力主「古禮可行」、「聖學必有所承」，其巨著《禮書通故》辨彰前代禮說之失，爲一重要課題。胡玉縉在《續修四庫全書總目提要・禮書通故提要》云：

> 「《周官經》有《周官傳》屬入其中，故間有可疑。《儀禮》古祇稱禮，今鄭注本大題《儀禮》，當是東晉人所加。陳邵謂戴德刪古禮，戴聖刪《大戴禮》，語皆失實。推之〈檀弓〉非誣，〈王制〉非漢博士作，〈月令〉非秦制，〈明堂位〉爲西周書，〈郊特牲〉言朝覲私覿之非禮，與〈司儀〉合。〈雜記〉言大夫爲其父母兄弟之未爲大夫者之喪服如士服，與〈中庸〉不悖。〈祭法〉言天子諸侯大夫廟制，與諸書異，而實相通。〈祭統〉言於禘發爵賜服，與〈月令〉立夏行賞封侯不同，爲三代殊禮。而盛世佐《儀禮集編》、韋協夢《蠡測》之駁〈仲尼燕居〉及〈射義〉，則又直斥其失。」凡此考訂，尤有功經學，猶顧不敢自是。如西南其戶，以爲此經無確解，俟攷。衽當旁，既詳申鄭義，又別言之，以待後人論定，是也。〔註51〕

說明黃以周對《三禮》篇章之疑義，皆能會通諸禮經之作，引經據典，辨析各篇章之眞僞，闡說鄭注，亦訂正鄭注。茲援引二例說明如下：

例一：〈禮書通故〉第 17 條

鄭玄云：「唐虞有三禮，至周分爲五。」

以周案：〈堯典〉三禮，以天地人言，其實唐、虞已分五禮。《書》

〔註50〕〔劉宋〕范曄：〈張曹鄭列傳〉，《後漢書》，卷35，頁1213。

〔註51〕中國科學院圖書館整理：《續修四庫全書總目提要》（北京：中華書局，1993年），頁627。

曰：「天敍有典，敕我五典五惇哉！天秩有禮，自我五禮有庸哉！」
「類帝假祖」，吉禮也。「如喪考妣」，「遏密八音」，凶禮也。「五載
一巡，群后四朝」，賓禮也。「分背三苗」，鼇降嬪虞，軍、嘉體也。
夫禮秩自天出，于性之烏可已。雁有行列，蜂知君臣，鳥獸昆蟲，
不教而成，人之有禮，豈非性哉？〔註52〕

黃以周引《周禮注疏‧春官宗伯第三》鄭玄之解說〔註53〕，並刪改原文。黃
以周於案語中引《尚書‧舜典》〔註54〕、《尚書‧皋陶謨》〔註55〕鄭玄之說，
指摘鄭注「唐、虞有三禮」不正確，並引述《尚書》之說，來證明其實唐虞
已出現五禮。

例二：〈衣服通故〉第9條

鄭玄云：「天子袞衣之冕十二斿，則用玉二百八十八。鷩衣之冕九斿，
用玉二百一十六。毳衣之冕七斿，用玉百六十八。希衣之冕五斿，
用玉百二十。玄衣之冕三斿，用玉七十二。公之冕繅九就，用玉百
六十二。侯伯繅七就，用玉九十八。子男繅五就，用玉五十。孤繅
四就，用玉三十二。三命之卿繅三就，用玉十八。再命之大夫繅再
就，用玉八。一命大夫冕而無斿。」陸佃說，〈弁師〉諸侯九斿，則
上公當十二斿。王應電說，王五冕，並十二旒，其玉皆一百四十四
枚，諸公之斿九就，亦每旒玉十二。〔註56〕

〔註52〕　〔清〕黃以周撰、王文錦點校：《禮書通故》，頁20。

〔註53〕　〔漢〕鄭玄注、〔唐〕賈公彥疏：〈春官‧宗伯〉：「鄭司農云：『宗伯，主禮之
官』，而引《書‧堯典》：帝曰者，謂舜咨四岳，曰：『有能典朕三禮？』三禮
者，謂天地人之禮也。……是以〈禮論〉云：『唐虞有三禮，至周分爲五禮。』
若然，云三禮不言五禮，則三禮中含有五禮矣。」見《周禮注疏》，卷17，頁
259。

〔註54〕　〔漢〕孔安國傳、〔唐〕孔穎達正義：〈舜典〉：「正義曰：《周禮‧大宗伯》云：
『以吉禮事邦國之鬼神示，以凶禮哀邦國之憂，以賓禮親邦國，以軍禮同邦
國，以嘉禮親萬民之昏姻。知『五禮』謂此也。帝王之名既異，古今之禮或
殊，而以周之五禮爲此『五禮』者，以帝王相承，事有損益，後代之禮亦當
是前代禮也。且歷驗此經，亦有五事：此篇『類于上帝』，吉也；『如喪考妣』，
凶也；『群后四朝』，賓也。」見《尚書正義》，卷3，頁39。

〔註55〕　同上注：〈皋陶謨〉：「天秩有禮，自我五禮有庸哉。……『天敍有典，敕我五
典五惇哉！』惇，厚也，行此五典須厚行之，篤亦厚也。言舜謹慎美善，篤
行斯道，舉八元使布之于四方，命教天下之民。以此五教能使天下皆順從之，
無違逆舜之命也。」見《尚書正義》，卷4，頁62～63。

〔註56〕　〔清〕黃以周撰、王文錦點校：《禮書通故》，頁79～80。

以周案：

> 服視命數，鄭注所說公侯伯子男、孤卿大夫之旒數是也。天子五
> 冕，旒數亦當同此，而玉則每旒十二，與諸侯別，鄭注亦是也。冕
> 無後旒，天子裘冕十二旒，用百四十四玉，衮冕九旒，用百有八
> 玉。《周官》、《禮記》並言天子繅旒十二，非前後垂繅有二十四旒
> 也。陸說上公亦十二旒，混天子裘冕之制。王說天子五冕同旒，則
> 五冕實止一冕，弁師掌五冕，何必別言五，五采繅十有二，亦須言
> 皆矣。〔註57〕

黃以周引《周禮注疏・夏官司馬・弁師》三段鄭玄注「公侯伯子男、孤卿大
夫」之旒數〔註58〕，並增刪原文之用語，如「天子衮衣之冕十二斿」，原文爲
「此爲衮衣之冕十二斿」；「公之冕繅九就，用玉百六十二」，原文爲「諸侯之
繅斿九就，公之冕用玉百六」；「再命之大夫繅再就，用玉八」，原文爲「再命
之大夫藻再就，用玉八」；「一命大夫冕而無旒」，原文爲「一命之大夫冕而無
斿」。黃以周批評陸佃、王應電之說，強調「五冕實止一冕」〔註59〕，因此「弁
師掌五冕，何必別言五」。可見黃以周贊同鄭玄之注解。

二、《禮書通故》與《石渠奏義》相關議題考述

（一）戴聖《石渠奏議》

戴德、戴聖爲漢代禮學家，根據《漢書・儒林傳》記載：

> 倉說禮數萬言，號曰后氏曲臺記，授沛聞人通漢子方、梁戴德延君、
> 戴聖次君、沛慶普孝公。孝公爲東平太傅。德號大戴，爲信都太傅；
> 聖號小戴，以博士論石渠，至九江太守。由是禮有大戴、小戴、慶氏
> 之學。通漢以太子舍人論石渠，至中山中尉。普授魯夏侯敬，又傳
> 族子咸，爲豫章太守。大戴授琅邪徐良斿卿，爲博士、州牧、郡守，
> 家世傳業。小戴授梁人橋仁季卿、楊榮子孫。仁爲大鴻臚，家世傳
> 業，榮琅邪太守。由是大戴有徐氏，小戴有橋、楊氏之學。〔註60〕

〔註57〕 同上注，頁79～80。

〔註58〕 〔漢〕鄭玄注、〔唐〕賈公彥疏：〈夏官司馬・弁師〉，《周禮注疏》，卷32，頁
482～483。

〔註59〕 同上注：「冕服有六，而言五冕者，大裘之冕，蓋無旒，不聯數也。」見《周
禮注疏》，卷32，頁482。

〔註60〕 服虔注：〈儒林傳〉：「在曲臺校書著記，因以爲名。」師古注：「曲臺殿在未
央宮。」見《漢書》，卷88，頁3615。

《漢書・藝文志》亦云：

> 漢興，魯高堂生傳《士禮》十七篇。訖孝宣世，后倉最明。戴德、
> 戴聖、慶普皆其弟子，三家立於學官。〔註61〕

戴德字延君，人稱大戴；戴聖字次君，人稱小戴，二人爲叔姪關係。小戴以
博士論石渠，官至九江太守。戴德、戴聖、慶普都是后倉的學生，共同學習
自漢初高堂生所傳承下來的《士禮》十七篇，且均立於學官。

西漢武帝時，罷黜百家，將儒家定於一尊。《漢書・儒林傳贊》稱：

> 自武帝立五經博士，開弟子員，設科射策，勸以官祿。訖於元始，
> 百有餘年，傳業者寢盛，枝葉藩滋，一經說至百餘萬言，大師眾至
> 千餘人，蓋利祿之路然也。初，《書》唯有歐陽，《禮》后，《易》楊，
> 《春秋》公羊而已。至孝宣世，復立大小夏侯《尚書》，大小戴《禮》，
> 施、孟、梁丘《易》，穀梁《春秋》。至元帝世，復立京氏《易》。平
> 帝時，又立《左氏春秋》、《毛詩》、《逸禮》、《古文尚書》，所以罔羅
> 遺失，兼而存之，是在其中矣。〔註62〕

西漢武帝時雖有今文經、古文經的客觀存在，但並無今、古文經之紛爭。當
時被立爲學官之五經博士，均是今文經學。在功名與利祿之誘因下，說經者
如雨後春筍，經說內容亦產生歧義現象。漢宣帝爲消弭各種學說之爭議，於
是在石渠閣會集諸儒論《五經》異同。《漢書・儒林傳》云：

> 宣帝即位……自元康中始講，至甘露元年，積十餘歲，皆明習。乃
> 召五經名儒太子太傅蕭望之等大議殿中，平《公羊》、《穀梁》同異，
> 各以經處是非。時《公羊》博士嚴彭祖、侍郎申輓、伊推、宋顯，《穀
> 梁》議郎尹更始、待詔劉向、周慶、丁姓並論。《公羊》家多不見從，
> 願請內侍郎許廣，使者亦並內《穀梁》家中郎王亥，各五人，議三
> 十餘事。望之等十一人各以經誼對，多從《穀梁》。由是《穀梁》之
> 學大盛。慶、姓皆爲博士。〔註63〕

《漢書・儒林傳》又云：

> 甘露中，與五經諸儒雜論同異於石渠閣。〔註64〕

漢宣帝爲解決今古文之爭及統一儒家學說，於甘露三年（公元前 51）詔蕭望

〔註61〕同上注，卷30，頁1710。
〔註62〕同注60，卷88，頁3621。
〔註63〕同注60，卷88，頁361 8。
〔註64〕同注60，師古注：「《三輔故事》云石渠。」，卷88，頁3598。

之、嚴彭祖、申輓、伊推、宋顯、劉向、周慶等儒生，在長安未央宮北的石渠閣講論「五經」異同。由漢宣帝親自裁定評判。石渠講論的奏疏經過匯集，輯成《石渠奏議》一書，又名《石渠論》。所輯奏議共一百五十五篇，今俱佚。唐杜佑的《通典》中保存有若干片斷。經過這次會議，博士員中《易》增立「梁丘」，《書》增立「大小夏侯」，《春秋》增立「穀梁」〔註65〕。石渠閣之會，重點在討論今文經師說分歧的問題，結果增立博士，反而加劇了經學內部異說的產生。

（二）《禮書通故》與《石渠奏義》相關議題

黃以周《禮書通故》仿傚戴聖《石渠奏義》而成書，茲說明二者論述「玄冠朝服」之議題如下：

〈衣服通故〉第61條：

> 《石渠論》云：「玄冠朝服，戴聖云：玄冠，委貌也。朝服布上素下，緇帛帶，素韋韠。」鄭玄云：「玄冠，委貌。或謂委貌爲玄冠。」聶崇義〈委貌圖〉，一本阮諶〈禮圖〉，云：「今之進賢冠，其遺象。」引《漢志》委貌皮弁同制，一引張鎰〈圖〉，玄冠委貌同制。〔註66〕

以周案：

> 冠禮緇布冠無笄，皮弁笄，爵弁笄。鄭注：「有笄者，屈組爲紘，垂爲飾，纓而結其條。」此冠與笄之制異也。冠弁者冠而如弁，其去延板而大委武，同玄冠，其設笄施紘又同皮弁，故《經》謂之冠弁，《記》謂之委貌，《左傳》亦稱其服謂之端委，《穀梁》謂之委端，《國語》亦稱其笄謂之委笄。皮弁，會五采玉璂象邸，與委貌異，則《漢志》謂委貌皮弁同制，失其傳矣。其無笄紘者，謂之玄冠。玄冠無笄，亦與委貌異，則小戴委貌即玄冠之說，亦未之覈矣。天子之冠弁，諸侯以爲朝服，故諸侯會同朝服用冠弁，如《論語》所謂端章甫小相，《穀梁》所謂陽穀之會，桓公委端而朝是也，亦有用玄冠者，如〈特牲禮〉所謂朝服玄冠是也。鄭謂冠弁委貌，而以委貌爲玄冠

〔註65〕 〈六藝略〉云：「《尚書議奏》四十二篇」，注曰：「宣帝時石渠論。韋昭曰：『閣名也，於此論書。』」「《禮議奏》三十八篇」，注曰：『石渠。』「《春秋議奏》三十九篇」，注曰：『石渠論。』「《論語議奏》十八篇，注曰：『石渠論。』「《五經雜議》十八篇」，注曰：『石渠論。』合計一百六十五篇。」見《漢書藝文志》，卷30，頁1710。
〔註66〕 〔清〕黃以周撰、王文錦點校：《禮書通故》，頁108。

者爲或説，是鄭本分冠弁玄冠爲二也。〔註67〕

黃以周引戴聖《石渠論》論述《儀禮‧士冠禮》〔註68〕首句：「主人玄冠朝服，緇帶素韠。」這是朝見天子，或卜筮等場合所穿的服裝。並引鄭玄云：「玄冠，委貌。」來説明玄冠委貌同制。在「以周案語」中引鄭玄注《儀禮‧士冠禮》論「有笄者，屈組爲紘，垂爲飾，無笄者，纓而結其絛」〔註69〕之服制、引《周禮‧夏官‧弁師》論「天子皮弁，會五采玉璂象邸」之形式〔註70〕、引《論語》〔註71〕、《左傳》〔註72〕、《穀梁》〔註73〕等書論述「玄冠朝服」之事宜，來指正戴聖「委貌即玄冠之説」是不正確；而鄭玄謂「冠弁委貌，而以委貌爲玄冠者爲或説，是鄭本分冠弁玄冠爲二。」

由上述可知，黃以周撰述《禮書通故》，雖參考戴聖《石渠論》論禮之體例，實則旁徵博引，力求還原古禮古制之眞實風貌。

三、《禮書通故》與《五經異義》相關議題考述

（一）漢代許慎《五經異義》、鄭玄《駁五經異義》

許慎字叔重，汝南召陵人。根據《後漢書‧儒林列傳》記載：

> 許慎字叔重，汝南召陵人也。性淳篤，少博學經籍，馬融常推敬之，時人爲之語曰：「五經無雙許叔重。」爲郡功曹，舉孝廉，再遷除洨長〔註74〕。卒于家。初，慎以五經傳説臧否不同，於是撰爲《五經

〔註67〕同上注。

〔註68〕〈士冠禮〉：「主人玄冠朝服，緇帶素韠，即位於門東西面。注：『主人將冠者之父兄也。玄冠，委貌也。……緇帶，黑繒帶。……素韠，白韋。』」見《儀禮疏》，卷1，頁3。

〔註69〕同上注，卷2，頁17。

〔註70〕〔漢〕鄭玄注、〔唐〕賈公彥疏：〈夏官‧弁師〉：「王之皮弁，會五采玉璂，象邸，玉笄。」見《周禮注疏》，卷32，頁483。

〔註71〕〈先進〉：「赤！爾何如？對曰：『非曰能之，願學焉。宗廟之事，如會同，端章甫，願爲小相焉。』鄭曰：『端，玄端也。衣玄端，冠章甫，諸侯日視朝之服。小相，謂相君之禮。』」見《論語注疏》，卷11，頁100。

〔註72〕〈昭公元年〉：「吾與子弁冕端委，以治民臨諸侯。《正義》曰：『冠者首服之摠名，弁冕，冠中之小別，弁冕是首服，端委是身服，言弁冕端委，摠舉冠衣而言，非謂定公趙孟身所自衣也。』」見《春秋左傳注疏》，卷41，頁702。

〔註73〕〈僖公三年〉：「陽穀之會，桓公委端搢笏而朝諸侯。」見《春秋穀梁傳注疏》，卷7，頁71。

〔註74〕洨長：洨縣（今安徽省靈壁縣南五十里）的縣令。

異義》，又作《說文解字》十四篇，皆傳於世。〔註75〕

許慎博學經籍，是漢代有名的經學家、文字學家，所著《五經異義》、《說文解字》，在當代有「五經無雙許叔重」之稱譽。

《四庫全書總目提要》評鄭玄《駁五經異義》云：

> 漢鄭玄所駁許慎《五經異義》之文也。考《後漢書·許慎傳》，稱慎以《五經》傳說臧否不同，於是撰爲《五經異義》，傳於世。〈鄭玄傳〉載玄所著百餘萬言，亦有《駁許慎五經異義》之名。《隋書·經籍志》有《五經異義》十卷，後漢太尉祭酒許慎撰，而不及鄭玄之《駁議》。《舊唐書·經籍志》：「《五經異義》十卷，許慎撰，鄭玄駁。」《新唐書·藝文志》並同。蓋鄭氏所駁之文，即附見於許氏原本之內，非別爲一書，故史志所載亦互有詳略。至《宋史·藝文志》，遂無此書之名，則自唐以來失傳久矣。學者所見《異義》，僅出於《初學記》、《通典》、《太平御覽》諸書所引，而鄭氏《駁議》則自《三禮正義》而外，所存亦復寥寥。此本從諸書采綴而成，或題宋王應麟編，然無確據。其間有單詞隻句，《駁》存而《義》闕者，原本錯雜相參，頗失條理。〔註76〕

由於《五經》傳說臧否不同，許慎於是撰爲《五經異義》傳於世。但因朝代之更迭，該書的原貌與體制，已無從確切得知。從〈鄭玄傳〉中，載有鄭玄《駁許慎五經異義》之名。流傳至今之古籍，如《隋書·經籍志》、《舊唐書·經籍志》、《新唐書·藝文志》等，均記載：「《五經異義》十卷，許慎撰，鄭玄駁」，可見此書雖已散佚不全，其體例仍爲後代學者所沿用。

茲條列黃永武教授所歸納分析許慎《五經異義》之體例如下：

1. 許君《異義》從古《周禮》禮說者凡十三，兼採《周禮》禮戴之說者一，其釋《禮記》之條凡五，以無明文而闕疑者一，今分別考之：其論田稅，則以漢制證《周禮》，謂漢制租田上中下，即《周禮》之輕近而重遠，鄭君駁之。

   案：許論田稅之條，見《周禮·地官·司徒下》載師賈《疏》所引。
   〔註77〕

---

2. 其論朝名，從古《周禮》說，謂春曰朝、夏曰宗、秋曰覲、冬曰遇。鄭玄以朝爲通名，故駁之。

　　案：許論鄭駁朝名之條，見於《禮記・王制・孔疏》，及《詩・大雅・韓奕・孔疏》所引。〔註78〕

3. 其論天子聘諸侯，亦從《周禮》說，謂天子有下聘之義。

　　案：許論天子聘諸侯條，見於《禮記・王制・孔疏》，及《穀梁・范注》所引。〔註79〕

4. 其論竈神，從古《周禮》說，以爲是祝融，非老婦。鄭君駁之。

　　案：許論竈神及鄭駁之條，散見各書，《禮記・禮器篇》引述較詳。〔註80〕

5. 其說復讎，從古《周禮》說，謂復讎之義，不過五世，不復百世之讎。

　　案：許說復讎之文，見於《周禮・地官・調人賈疏》及《禮記・曲禮・孔疏》所引。〔註81〕

6. 其說《周禮》九賜即九命，鄭君則謂九賜與九命不同，九命之外，別如九賜，鄭君實本禮緯之說以駁許者。

　　案：許說九賜九命之條，原文已不可見，《禮記・曲禮・孔疏》，已將許論鄭駁揉成作疏。〔註82〕

7. 其論天下有爵否，則從古《周禮》說，以爲天下無爵，鄭君駁之。

　　案：許論鄭駁天子有爵否之條，見於《禮記・曲禮下疏》。〔註83〕

8. 其說祭主所用之木，從古《周禮》說，謂虞主用桑，練主以栗。

　　案：許論主木之條，本與論卿大夫有土否同條，《異義》引各家論主木者有今文《論語》，今《春秋公羊》，古《周禮》說，許君謹案從《周禮》說，今《異義》所引諸說已旁見散出，輯佚各家，本亦多異，今重爲裒集。〔註84〕

369～370。

〔註78〕同上注，頁 372～373。
〔註79〕同上注，頁 376。
〔註80〕同上注，頁 379。
〔註81〕同上注，頁 383。
〔註82〕同上注，頁 386。
〔註83〕同上注，頁 389。
〔註84〕同上注，頁 391。

9. 其論卿大夫有主否，亦從古《周禮》說，以爲大夫士無昭穆，不得有主。

案：許論卿大夫有主否，本與論主木同條，異義引各家論卿大夫有主否者有今《春秋公羊》說，古《左氏》說，許君謹案則從古《周禮》說。〔註85〕

10. 其論大夫有刑否，舉《易》辭以證古《周禮》說，以爲無刑不上大夫之事，鄭君爲別解以駁之，然亦不同今文家說。

案：許論鄭駁大夫有刑之條，見於《禮記·曲禮上》「刑不上大夫」句下孔《疏》所引。〔註86〕

11. 其論祀宗廟當卜否，似從《周禮》之說，謂禘祭非不卜者。

案：許論祀宗廟當卜否之條，見於《太平御覽·禮儀部七》。〔註87〕

12. 其論爵制，謂一升曰爵，三升爲觚，獻爵一升而酬觚三升，恰滿一豆之數，此從古《周禮》說也。鄭君駁之，謂觚乃觶字之誤，豆乃斗字之誤，鄭君破字說經，不若許君之墨守故經。

案：許論鄭駁爵制之條，見於《禮記·禮器·孔疏》，《毛詩·卷耳·孔疏》、《左傳·成十四年·孔疏》、《周禮·梓人·賈疏》、《儀禮·燕禮·賈疏》所引，〈禮器疏〉引之較詳。〔註88〕

13. 其論城長之制，從《戴禮》及《韓詩》說；論城高之制，則近古《周禮》說。鄭君據古《左氏》說駁許君城長之說，古《左氏》說與古《周禮》說亦相應。

案：許論城長城高之條，殘闕不完，散見各書。〔註89〕

14. 至於《說文》引禮，則自敘明言禮稱《周官》，今考其凡稱《周禮》曰、《周禮》有、《禮》曰、《禮記》曰者、雖《三禮》並引，仍以《周禮》爲主，蓋多本古文家說也。〔註90〕

15. 許君所引禮經及禮說，其訓義當本諸賈逵，賈逵與鄭興、鄭眾父子，咸受業於杜子春，故《說文》所釋，多與此四家脗合，今爲之博稽旁

〔註85〕同上注，頁394。
〔註86〕同上注，頁396。
〔註87〕同上注，頁399。
〔註88〕同上注，頁403～404。
〔註89〕同上注，頁408。
〔註90〕同上注，頁426。

討，分別梳理，乃知許君禮學之師承脈絡，昭然在茲。〔註91〕

綜合上述，可知許慎《五經異義》匯萃漢代經學家之遺說，鄭玄《駁議》廣備通儒之高論，因此《五經異義》與《駁議》實兼綜古今學說之旨意。

（二）《禮書通故》與《五經異義》相關議題

黃以周撰述《禮書通故》亦參考《五經異義》而成書。茲援引《五經異義》二例說明如下：

1. 《大戴》說男三十、女二十有昏取，合爲五十，應大衍之數，自天子達於庶同一也，古《春秋左氏》說：「國君十五而生子，禮也，二十而嫁，三十而娶，庶人禮也。禮，夫爲婦之長殤，長殤十九至十六，知夫年十四，十五見〈士昏禮〉也。」

   謹案：舜三十不娶，謂之鰥，文王十五而生武王，尚有兄伯邑考，知人君早昏取，不可以年三十，所以重繼嗣。（〈昏義疏〉。《詩‧摽梅疏》引此文略。）

   鄭駁無考，《正義》云：「鄭意依正禮及大夫皆三十而後娶，禮云夫爲婦，長殤者，關異代也，或有早娶者，非正法矣。天子諸侯昏禮則早矣。」（〈人君年幾而取〉條）〔註92〕

2. 《戴禮》說刑不上大夫，《古禮》說士屍肆諸市，大夫屍肆諸朝，是大夫有刑。

   謹案：《易》曰：「鼎折足，覆公餗，其刑渥凶。」無刑不上大夫之事，從《周禮》之說。（〈曲禮疏〉）

   （鄭玄）駁曰：「凡有爵者與王同族，大夫以下適甸師，令人不見，是云刑不上大夫。」（〈刑不上大夫〉條）〔註93〕

許慎《五經異義》的方法是列舉諸說，然後鄭玄駁其謬說，《禮書通故》的體例亦是依循此法，即是先引眾說，再加上個人案語，予以辨正或批駁。茲引證《禮書通故》說明如下：

例一：〈昏禮通故〉第1條云：

伏生《書傳》云：「男三十而娶，女二十而嫁，通乎織紝紡績之事，

〔註91〕同上注，頁428。

〔註92〕〔漢〕許慎《五經異義》、鄭玄駁：《駁五經異義》（板橋：藝文印書館，1970年《叢書集成續編影印漢魏遺書鈔本》），卷下，頁3。

〔註93〕同注92，卷下，頁20。

黼黻文章之美。不如是則上無以孝于舅姑，下無以事夫養子。」

《白虎通義》云：「男三十，筋骨堅強，任爲人父。女二十，肌膚充滿，任爲人母。合爲五十，應大衍數。一説《春秋‧穀梁傳》曰：男二十五繫心，女十五許嫁，感陰陽也。陽數七，陰數八，男八歲毀齒，女七歲毀齒。陽數奇，故三，三八二十四，加一爲二十五，而繫心也。陰數偶，故再成十四，加一爲十五，故十五許嫁也。」

《五經異義》云：「《大戴》説，男三十、女二十，有昏娶，合爲五十，應大衍之數，自天子達於庶人。古《春秋左氏》説：國君十五而生子，禮也；二十而嫁，三十而娶，庶人禮也。禮，夫爲婦之長殤，長殤十九至十六，知夫年十四十五，見〈士昏禮〉也。許慎謹案：舜三十不娶謂之鰥，《禮‧文王世子》文王十五而生武王，尚有兄伯邑考，故知人君早昏取，不可以年三十。所以重繼嗣也。」鄭玄不駁。范甯云：「譙周説，男自二十以及三十，女自十五以及三十，皆得以嫁娶，先是則速，後是則晚。三十而娶，二十而嫁，説昏娶之限，蓋不得復過此爾。故舜年三十無室，《書》稱曰鰥。」

以周案：

伏《傳》、范注説並正當。《禮》無夫爲婦長殤之文，《異義》引字有誤。〔註94〕

黃以周於〈昏禮通故〉第一條，引伏生《書傳》、《白虎通義》、《五經異義》等古籍，論述「男三十而娶，女二十而嫁」之事宜。黃以周在案語中，贊同伏生《書傳》與范甯之注解，並駁斥《五經異義》「禮，夫爲婦之長殤」之引文有誤。

例二：〈刑法通故〉第29條云：

以周案：

「易其刑渥，李氏《集解》引九家，鄭、虞並作『刑剭』，晁氏《古周易》引〈京房〉亦同，但京説：『刑在頒爲剭。』九家與虞訓剭爲大刑。《詩》疏引鄭注云：『屋中刑之。』其説各異，而以大夫以上有刑則同也。鄭注〈司烜氏〉：『邦若屋誅』，云：『屋讀如刑剭之剭。』以屋誅不令人見，遂謂刑不上大夫，于義終曲。《白虎通義》，用《戴

記》文，以爲尊大夫，又引或曰『撻笞之刑也。』此説本《賈子新
書・階級篇》云：『廉恥禮節所以治君子，故有賜死而無僇辱，是以
係、縛、榜、笞、髡、刖、黥、劓之罪不及士大夫。』此刑不上大
夫之正義也。若蘇氏屬法禁，乃法家之言，何足道哉。」〔註95〕

此段案語是針對「《異義》：『《戴禮》說刑不上大夫，《古禮》說士屍肆諸市，
大夫屍肆諸朝，是大夫有刑。』」〔註96〕而加以論述。於案語中，指出鄭玄和
賈公彥認爲鄭眾「屋誅不令人見，遂謂刑不上大夫」〔註97〕的說法是錯誤的，
黃以周不依此說。並認爲注疏中，引《左傳・昭公二年》鄭國公孫黑作亂而
子產誅之事〔註98〕，並非恆證。可見，黃以周撰述《禮書通故》的旨意是博
採眾說，並不阿從一家之注疏。

　　綜合上述，可知《禮書通故》撰文之體例，與《五經異義》相似，先會
通眾說，再以己意駁議。

四、《禮書通故》與《通典》相關議題考述

（一）唐代杜佑《通典》

　　杜佑編撰《通典》，羅列古今歷代典章制度的因革損益，內容詳贍，脈絡
分明。《四庫全書總目提要》云：

　　　唐杜佑撰。佑字君卿，京兆萬年人。……先是，劉秩仿《周官》之
　　　法，摭拾百家，分門詮次，作《政典》三十五卷。佑以爲未備，因
　　　廣其所闕，參益新禮，勒爲此書。凡分八門：曰《食貨》，曰《選舉》，
　　　曰《職官》，曰《禮》，曰《樂》，曰《兵刑》，曰《州郡》，曰《邊防》。
　　　每門又各分子目。序謂既富而教，故先《食貨》。行教化在設官，任
　　　官在審才，審才在精選舉，故《選舉》、《職官》次焉。人才得而治
　　　以理，乃興禮樂，故次《禮》、次《樂》。教化驟則用刑罰，故次《兵》、
　　　次《刑》。設《州郡》分領，故次《州郡》，而終之以《邊防》。所載

〔註95〕〔清〕黃以周撰、王文錦點校：《禮書通故》，頁 1839～1840。
〔註96〕同上注，頁 1839。
〔註97〕詳見舊題〔周〕周公傳、〔漢〕鄭玄注、〔唐〕賈公彥疏、趙伯雄整理：《周禮
　　　注疏》（北京：北京大學出版社，1999 年 12 月，《十三經注疏典校整理》本），
　　　卷 36，頁 977～978。
〔註98〕舊題〔漢〕賈誼：《新書》（長春：吉林大學出版社，1992 年 12 月《影印明萬
　　　曆新安程氏漢魏叢書刊》本），頁 473 下。

上溯黃、虞，訖於唐之天寶。……然其博取五經群史，及漢魏六朝
人文集、奏疏之有裨得失者，每事以類相從。凡歷代沿革，悉爲記
載，詳而不煩，簡而有要。元元本本，皆爲有用之實學，非徒資記
問者可比。考唐以前之掌故者，茲編其淵海矣。〔註99〕

杜佑《通典》九典依序爲：食貨、選舉、職官、禮、樂、兵、刑、州郡、邊
防等九個部門，是循序漸進的過程，從物質生活基本的需要，逐漸走向通過
政治的規範，達到理想的禮樂世界。蘊含著杜佑的政治理想，因而窮盡三十
六年的心力，博覽古今典籍，考溯典章制度源流，撰成二百卷的巨著，開創
我國典章制度專史的先河。

（二）《禮書通故》與《通典》相關議題

在通論古代禮義與禮制上，《禮書通故》與《通典·禮典》均能以《周禮·
春官·大宗伯》所述「五禮」相配合。茲引證《禮書通故》二例說明如下：

例一：〈郊禮通故〉第78條云：

杜佑云：「《五經通義》靈星爲立尸，故曰『絲衣其紑，會弁俅俅』。
《傳》言王者祭靈星，公尸所服之衣也。今案：〈鳧鷖〉詩每云公尸，
據《傳》，天子諸侯祭社稷尸也。今祀靈星言公尸，未詳所出。」
〔註100〕

以周案：

據〈鳧鷖〉鄭〈箋〉，公尸爲天地、社稷、山川、七祀之尸，則靈星
可稱公尸也。《通義》引《傳》蓋《魯詩傳》。《淮南·主術篇》「君
人之道，其猶零星之尸」零星即靈星，高注亦引〈鳧鷖〉詩「公尸
燕飲，載宗載考」。劉向、高誘皆習魯詩者。〔註101〕

例二：〈郊禮通故〉第79條云：

杜佑說，周制，仲秋之月，祭靈星於國之東南。何楷說，蜡祭，皮
弁素服，詩言「絲衣載弁」，則靈星即蜡祭。〈月令〉「季冬之月祈來
年於天宗」，專指靈星。〔註102〕

〔註99〕〔清〕永瑢、紀昀等：〈《通典》二百卷〉，《四庫全書總目提要》，卷 81，頁
677～678。

〔註100〕〔清〕黃以周撰、王文錦點校：《禮書通故》，頁 651。

〔註101〕同上注。

〔註102〕同上注。

以周案：

> 靈星者，龍星也。農祥者，龍星之房也。房爲天駟，故《周語》曰
> 「辰馬農祥」。靈星之祀未知在何月，農祥不聞有祀。自漢儒以農祥
> 當靈星，而農祥又屬心不屬房，其祀在晨見之季秋，不在晨正之孟
> 春，故《後漢・禮儀志》「季秋之月，祠心星於城南壇」，或又以秋
> 雩當靈星。要之，靈星之祀失傳已久，其秋祀靈星乃漢制，非古也。
> 何說尤舛。〔註103〕

黃以周《禮書通故・郊禮通故》第 78 條、第 79 條引杜佑《通典・禮典》卷
四十四〈靈星〉〔註104〕所述周、漢、東晉、大唐四代均有「王者祭靈星」之
事宜，並引劉向《五經通義》、〈鳧鷖〉詩、《淮南・主術篇》、《禮記・月令》
等經籍詮釋「靈星」之禮儀爲何？但杜佑指明「祀靈星言公尸，未詳所出」。
於案語中，黃以周引《周語》解釋「靈星」之名義，又引《後漢・禮儀志》說
明「秋祀靈星」乃漢制，非古也，並指摘何楷「靈星即蜡祭」之說是訛誤。

五、《禮書通故》與《禮書綱目》相關議題考述

（一）清代江永《禮書綱目》

　　《禮書綱目》85 卷，清江永撰，以朱子《儀禮經傳通解》修於晚歲，前
後體例不一，因此以黃幹《喪禮》爲式，爲之增損隱括，撰成是書。曾國藩
提出：「江永所著《禮書綱目》和秦蕙田所著《五禮通考》，可以通漢、宋二
家之結，而息頓漸諸說之爭。」〔註105〕說明《禮書綱目》雖仿照朱熹的《儀
禮經傳通解》之體例，但是「參考群經，洞悉條理」，能補《儀禮經傳通解》
所未及之處。

　　江永字愼修。安徽婺源人。歲貢生。數十年楗戶授徒，爲人和易，處鄉
黨以孝悌仁讓爲先，人多化之。先生爲學，長於比勘，明於步算、鐘律、聲
韻，而於《三禮》尤深。以朱子晚年治禮，爲《儀禮經傳通解》未就，雖楊
氏、黃氏相繼纂續，猶多闕漏，乃爲之廣摭博討，一從《周官・大宗伯》
吉、凶、軍、賓、嘉五禮之次，名曰《禮書綱目》，凡數易稿而後定。所著書

〔註103〕同上注。
〔註104〕〔唐〕杜佑撰、王文錦、王永興、劉俊文、徐庭雲、謝方點校：《通典》，卷
　　　　44，頁 1240～1241。
〔註105〕湯效純等整理：〈復夏弢甫〉，《曾國藩全集》（長沙：嶽麓書社，1991 年），
　　　　頁 1576。

有《周禮疑義舉要》六卷、《禮記訓義擇言》六卷、《深衣考誤》一卷、《禮書綱目》八十八卷、《律呂闡微》十一卷、《春秋地理考實》四卷、《鄉黨圖考》十一卷、《古韻標準》六卷、《四聲切韻表》四卷等。乾隆二十七年卒，年八十有二。〔註106〕

《四庫全書總目・禮類》評《禮書綱目》曰：

> 其書雖仿《儀禮經傳通解》之例，而參考群經，洞悉條理，實多能補所未及，非徒立異同。如〈士冠禮〉「屨，夏用葛」以下五十字，本在辭後《記》前，《通解》移置《經》文「陳器服」節末。是書亦沿襲其說，不故相詰難。至於〈士昏記〉「父醮子，命之辭曰」以下三十一字，《通解》列在「陳器饌」節下，而是書改列在「親迎」節下。又《通解》以《記》文「婦入三月，然後祭行」二句，別為「祭行」一節，在「奠菜」節之前。而是書以此二句附於「廟見」節之末。蓋是書「廟見」節，《通解》之所謂釋、奠也。揆以《禮》意，較《通解》為有倫次。又《通解》割〈士冠禮〉「無大夫冠禮，而有婚禮」以下四句，謂當在《家語・冠頌》內，疑錯簡於此《經》，頗涉臆斷，是書則仍〈記〉文之舊，不從《通解》，尤為詳慎，亦未嘗曲相附合也。蓋《通解》，朱子未成之書，不免小有出入。其間分合移易之處，亦尚未一一考證，使之融會貫通。永引據諸書，釐正發明，實足終朱子未竟之緒。視胡文炳犖犖務博，篤信朱子之名，不問其已定之說、未定之說，無不曲為袒護者，識趣相去遠矣。〔註107〕

江永之《禮書綱目》之體例，乃以朱熹《儀禮經傳通解》一書為藍本而有所增損隱括，提其綱領而別立門目，分嘉、賓、凶、吉、軍五禮及通禮、曲禮、樂八門。並以《儀禮》之例，事別為篇，綱以統目，首尾倫貫，條理秩然。全書共八十五卷，采輯群書，洞悉條理，實多能補《儀禮經傳通解》所未及，非徒立異同。江永在《禮書綱目・自序》說明其撰述動機云：

> 禮樂全經廢缺久矣，今其存者，惟《儀禮》十七篇，乃禮之本經，

〔註106〕徐世昌纂：《清儒學案・慎修學案》：「《四庫全書總目》及通行刻本並作《禮書綱目》，〈自序〉亦然。諸家所撰〈傳〉、〈狀〉並作《禮經》，當據初名。」，卷58，頁2245～2247。

〔註107〕〔清〕永瑢、紀昀等：《禮書綱目》，《四庫全書總目提要》，卷22，頁457～458。

所謂「周監二代，郁郁乎文」者，此其儀法度數之略也。《周禮》爲諸司職掌，非經典正篇，又逸其〈冬官〉，蓋周公草創未就之書。《禮記》四十九篇，則羣儒所記錄，或雜以秦、漢儒之言，純駁不一。其冠昏等義，則《儀禮》之義疏耳。自《三禮》而外，殘編逸義，亦或頗見於他經。《論語》、《孟子》、《爾雅》、《春秋內外傳》、《大戴》、《家語》、《孔叢》等書，諸子則管子、荀況，漢儒則伏生、貫誼、劉向、班固之徒，亦能記其一二，然皆紛綸散出無統紀。……夫禮樂之全，雖不可復見，然以《周禮·大宗伯》考之，禮之大綱有五，吉凶軍賓嘉，皆有其目。其它通論制度之事，與夫雜記威儀之細者，尚不在此數。樂則統于大司樂，其律同度數，鏗鏘鼓舞，亦必別有一經，與禮相輔。竊意制作之初，當如《儀禮》之例，事別爲篇，綱以統目，首尾倫貫，條理秩然，所謂「經禮三百，曲禮三千」者，此也。……朱子之書，以《儀禮》爲經，以《周官》、《戴記》及諸經史雜書輔之。其所自編者，曰〈家禮〉，曰〈鄉禮〉，曰〈學禮〉，曰〈邦國禮〉，曰〈王朝禮〉，而喪、祭二禮屬之勉齋黃氏。其編類之法，因事而立篇目，分章以附傳記，宏綱細目，於是燦然，秦、漢而下，未有此書也。顧朱子之書，修於晚歲，前後體例亦頗不一。〈王朝禮〉編自眾手，節目闊疏，且未入疏義。黃氏之書，〈喪禮〉固詳密，亦間有漏落；〈祭禮〉未及精專修改，〈喪禮〉疏密不倫。信齋楊氏有《祭禮通解》，議論詳贍，而編類亦有未精者。蓋纂述若斯之難也。永竊謂是書規模極大，條理極密，當別立門目以統之，更爲凡例以定之，蓋裒集經傳，欲其該備而無遺；釐析篇章，欲其有條而不紊。尊經之意，當以朱子爲宗；排纂之法，當以黃氏〈喪禮〉爲式。竊不自揆，爲之增損隱括，以成此編。其門凡八：曰嘉禮，曰賓禮，曰凶禮，曰吉禮，皆因《儀禮》所有者而附益之；曰軍禮，曰通禮，曰曲禮，皆補《儀禮》之所不備；樂一門居後。總百單六篇，八十有五卷，並首三卷，共八十八卷。凡三代以前禮樂制度散見經傳雜書者，蒐羅略備，而篇章次第較《通解》尤詳密焉。屢易稿成書，姑繕寫本文及舊註一通，名曰《禮書綱目》。〔註108〕

〔註108〕〔清〕江永：《禮書綱目》，收錄於《叢書集成續編》（臺北：新文豐出版公司，

可知江永深研《三禮》之學，慨歎秦、漢以後，安上治民之禮樂全經，缺廢已久，惟禮之本經《儀禮》十七篇，保存其全貌。《周禮》爲諸司職掌，非經曲正篇。《禮記》四十九篇，爲羣儒所記錄，或雜以秦、漢儒之言，純駁不一。《三禮》之外，論禮樂之篇章，散見於他經，無完整論禮之專著。至宋代朱熹以《儀禮》爲經，以《周官》、《戴記》及諸經史雜書輔之，編撰《儀禮經傳通解》一書。但此書修於朱熹晚年，以致體例不一，因此依照朱熹《儀禮經傳通解》一書之體例，引據諸書，釐正發明，分嘉、賓、凶、吉、軍五禮及通禮、曲禮、樂八門。該書除闡發經義之外，解釋名物制度、威儀細節，較朱書尤精詳。

（二）《禮書通故》與《禮書綱目》相關議題

黃以周的《禮書通故》的體例採用江永《禮書綱目》撰寫的方式，內容旁及五禮，但篇目則不以《儀禮》的士禮爲限。茲引證《禮書通故》二例說明如下：

例一：〈職官禮通故〉第 61 條云：

> 江永云：「周初官制，冢宰總百官。後來改制，總百官者謂之卿士，而宰爲庶職，故『皇父卿士』最尊，在司徒與宰之上，平王時，鄭桓公、武公雖爲司徒，而實爲卿士。後以虢公忌父爲之，則宰咺、宰渠伯糾、宰周公、宰孔皆非周初之冢宰也，說《春秋》者猶以冢宰言之，疏矣。」〔註109〕

以周案：

> 冢宰與大宰本別，總百官曰冢宰，主天官曰大宰。鄭注〈序官〉云：「百官總焉謂之冢，列職於王則稱大。冢，大之上也。」分別甚明。周初冢宰，以大宰主天官者爲之，故《周官》於〈大宰職〉曰冢宰。其後爲冢宰者不必天官，如鄭桓公、武公以司徒位冢宰，故當時又改從殷制，稱之曰卿士，其大宰退爲庶職，故亦不稱大，而但曰宰，《詩》之「家伯維宰」，《春秋》之宰孔、宰周公，皆大宰也。然宰雖列庶職，爵猶視卿。《白虎通》引〈王度記〉云「如天子之大夫」，非周制。〔註110〕

1989 年據廣雅書局影印），第 14 冊，卷首，頁 5。

〔註109〕〔清〕黃以周撰、王文錦點校：《禮書通故》，頁 1432。

〔註110〕同上注。

黃以周於〈職官禮通故〉第 61 條，引江永《禮書綱目》卷五十七〈職官上〉：
「冢宰掌邦治，統百官，均四海。」論述周初官制，「冢宰、大宰、卿士」等
之職司爲何？在案語中，引《周官》、《詩》、《春秋》、《白虎通義》等古籍，
來證明「冢宰與大宰本別，總百官曰冢宰，主天官曰大宰」之說是正確。

　　例二：〈田禮通故〉第 5 條云：

> 鄭玄云：「軍門曰和，今謂之壘門，立兩旌以爲之。敘和出，用次第
> 出和門也。左右，或出而左，或出而右。有司平之，鄉師居門，正
> 其出入之行列也。旗，軍吏所載。分地，調其部曲疏數。前後有屯
> 百步，車徒異羣相去之數也。車徒畢出和門，鄉師又巡其行陳。鄭
> 司農云：『險野人爲主，人居前；易野車爲主，車居前。』」江永云：
> 「〈大司馬〉『左右陳車徒』以下，注疏未得其義。未習戰以前，如
> 戰之陳，此車徒同羣，車以率徒，徒以衛車也。既習戰以後，將分
> 車徒，故立兩和門，使車徒各出，一之左，一之右，而車徒遂分列
> 也。不云左車右徒，因地之勢，左右不可常也。旗居卒閒以分地，
> 徒一厢百人樹一旗，則車一厢亦容兩偏之地而樹一旗也。車徒各有
> 卒，疏謂軍吏個領己之士卒執旗以表之，非卒閒之義也。前後有屯
> 百步，此又別爲二屯，如軍之營，蓋擬田畢將帥居其中而獻獸也。
> 此屯用車徒圍繞作之。車徒之分，分於左右和與左右陳，非分於前
> 後之屯。百步之屯能容幾車徒哉！」〔註111〕

以周案：

> 從江說。〔註112〕

黃以周於〈田禮通故〉第 5 條，引《周禮‧夏官‧大司馬》總論教戰訖入防
田獵之事，並引江永《禮書綱目》卷五十二〈田役〉論述〈大司馬〉「左右陳
車徒」習戰前後「車徒」各異之事宜。在案語中，贊同江永《禮書綱目》之
解析是正確的。

六、《禮書通故》與《五禮通考》相關議題考述

　　黃以周讀秦蕙田《五禮通考》「病其〈吉禮〉之好難鄭，〈軍禮〉之太阿
鄭」，便提出實事求是的學術見解，寫下數十篇讀後筆記，來證成「禮是鄭學」

〔註111〕〔清〕黃以周撰、王文錦點校：《禮書通故》，頁 1659。
〔註112〕同上註。

（孔穎達《禮記正義》）之說。茲援引二例說明如下：

例一、〈耤田躬桑禮通故〉第 2 條

《毛詩序》云：「〈載芟〉，春耤田而祈社稷也。」劉向、崔靈恩、皇侃說，王社在耤田中，故耤田而祈社。秦蕙田云：「《詩序》乃言兩祭同歌一詩，非謂耤田而祭社也。」〔註113〕

以周案：

〈月令〉孟春，天子躬耕帝籍。仲春擇元日，命民人社。〈大司馬〉仲春蒐田獻禽以祭社，則耤田與祈社異月。《詩序》蓋言耤田後有祈社之祭，歌此詩爾，非謂王社在耤田中，亦非謂耤田同歌此詩。耤禮具詳〈周語〉，不言樂。《傳》曰「雅樂不野合」。蓋耤無歌詩，亦惟擊土鼓、吹豳雅而已。梁武帝祀先農有歌詩，不古。〔註114〕

黃以周引《毛詩序》敍述「〈載芟〉，春耤田而祈社稷也」〔註115〕事宜，並引秦蕙田《五禮通考》卷一二四，吉禮〈耕耤之禮〉論「《詩序》乃言兩祭同歌一詩，非謂耤田而祭社也」。〔註116〕以周案語轉引，《毛詩正義・周頌・閔予小子之什・載芟》之解說，贊同秦蕙田《五禮通考》之詮釋。

例二、〈學校禮通故〉第 20 條

孔穎達云：「魯是周之諸侯，于郊不當有學，泮宮亦應在國。而〈禮器〉注云：『頖宮，郊之學也，《詩》所謂泮宮也。字或爲郊宮。』不在國者，以其《詩》言『魯侯戾止』，是行往適之，故知在郊。」陳祥道云：「魯大學在郊，故將有事于上帝，則于此先有事焉。」秦蕙田云：「魯之四學在國中。南郊與泮宮何必在一處。《詩》云『魯侯戾止』，何必定往郊外。」〔註117〕

〔註113〕同上注，頁 949。

〔註114〕同上注。

〔註115〕〔漢〕毛亨傳、〔漢〕鄭玄箋〔唐〕孔穎達疏：〈周頌・閔予小子之什・載芟〉：「〈載芟〉詩者，春籍田而祈社稷之樂歌也。謂周公、成王太平之時，王者於春時親耕籍田，以勸農業，又祈求社稷，使獲其年豐歲稔。詩人述其豐熟之事，而爲此歌焉。經陳下民樂治田業，收穫弘多，釀爲酒醴，用以祭祀。是由王者耕籍田、祈社稷、勸之使然，故序本其多獲所由，言其作頌之意。」見《毛詩正義》，卷 19，頁 746。

〔註116〕〔清〕秦蕙田：〈吉禮・耕耤之禮〉：「蕙田案：先農始教造田者是人，鬼社是土示，截然不同。《詩序》乃言兩祭皆歌此詩，非謂耤田而祭社也。」見《五禮通考》，卷 124，頁 3。

〔註117〕〔清〕黃以周撰、王文錦點校：《禮書通故》，頁 1343。

以周案：

　　大學在郊，爲周諸侯之通制。諸說胥失之矣。〔註118〕

黃以周引《毛詩正義》敘述「魯是周之諸侯，于郊不當有學，泮宮亦應在國。」
〔註119〕，並引秦蕙田《五禮通考》論述「魯之四學在國中」〔註120〕，秦蕙田
引杜佑《通典》云：「魯郡，古魯國有泗水、泮水出焉，建宮于上名爲泮宮。」
又引《詩》云「魯侯戾止」，來說明「魯之大學在國中，何必定往郊外」。但
黃以周於案語中，摘引《禮記·王制》：「大學在郊，爲周諸侯之通制」〔註121〕，
來指摘諸家之說不正確。

小　結

　　《禮書通故》是黃以周瘁盡心力的巨著。黃以周身處晚清政局動盪與烽
火擾攘的時代，黃以周排除萬難，歷時十九年才將《禮書通故》完稿。在清
儒禮家中，成書較晚，囊括了《三禮》的種種內容，「通古今之變」，並清楚
古代禮制發展的「終始之變」，融會先秦至清代諸儒論禮之說，加以疏通駁解，
附以圖表，條分縷析，可謂爲集清代禮學之大成。《禮書通故》一書，開啓辨
彰諸禮，融會諸說，並論斷各書真偽的門鑰，代表了晚清禮學的傳承與流播，
也反映了漢學家將經學禮學化的傾向。

〔註118〕同上注。
〔註119〕〔漢〕毛亨傳、〔漢〕鄭玄箋〔唐〕孔穎達疏：〈大雅·文王之什·靈臺〉：「周
　　　　立三代之學，虞庠在國之西郊，則周以虞庠爲辟雍矣。若然，，魯是周之諸
　　　　侯，於郊不當有學，泮宮亦應在國。而《禮器》注云：『頖宮，郊之學也，《詩》
　　　　所謂泮宮也。字或爲郊宮。』不在國者，以其《詩》言『魯侯戾止』，是行往
　　　　適之，故知在郊。」蓋魯以周公之故，尊之使用殷禮，故學在其郊也。」見
　　　　《毛詩正義》，卷16，頁578～579。
〔註120〕同注109：「蕙田案：《通典》云：『魯郡，古魯國有泗水、泮水出焉，建宮于
　　　　上名爲泮宮。』其不在郊外明矣。南郊與泮宮何必在一處。《詩》云『魯侯戾
　　　　止』，何必定往郊外。諸儒強以大學在郊證之，皆不然也。」見《五禮通考》，
　　　　卷169，頁18。
〔註121〕〈王制〉：「天子命之教，然後爲學，小學在公宮南之左，大學在郊。天子曰
　　　　辟廱，諸侯曰頖宮。」鄭玄注：「學，所以學士之宮。《尚書傳》曰：『百里之
　　　　國，二十里之郊。七十里之國，九里之郊。五十里之國，三里之郊。』此小
　　　　學大學，殷之制。天子曰辟廱，諸侯曰頖宮。尊卑學異名。」見《禮記正義》，
　　　　卷12，頁236。

第六章　《禮書通故》著作體例與詮釋方法探析

　　《禮書通故》著述的旨趣，並不在於資料的彙集編纂，而著眼於辨析是非。對於《三禮》經注中無異義的敘說，都置而不論，有不同之見解，分別摘錄，並加以討論。除圖表外，本書各卷均由若干條組成。每條的表述方式，都是倣戴聖《石渠奏議》與許慎《五經異義》的體例，即每一個問題，按順序選錄幾家有代表性的見解，然後作者加上案語，分析綜合，提出自己的論斷。〔註1〕因此，俞樾在《禮書通故・序》上說：「君為此書，不墨守一家之學，綜貫群經，博采眾論，實事求是，惟善是從。」〔註2〕可見《禮書通故》探討的範圍涉及經註史說，諸子雜家，正符合黃以周「囊括《三禮》，博綜制度」的創作原由。

第一節　《禮書通故》篇卷名稱

　　黃以周在《禮書通故・敘目》云：

> 唐、宋以來，禮學日微，好深思者，或逞肊說；好述古者，又少心得。究其通弊，不出兩軌。以周不揣譾陋，綴入異聞，不敢立異，亦不敢苟同，為之反復羣書，日夜覃思。賢者識大，不賢識小，道苟在人，何分畛涂？上自漢、唐，下迄當世，經注史說，諸子雜家，誼有旁涉，隨事輯錄。昔者高密箋《詩》而屢易毛《傳》，注《禮》

〔註1〕〔清〕黃以周撰、王文錦點校：〈點校前言〉，《禮書通故》，頁2～3。
〔註2〕同上注，頁2。

而屢異先鄭，識已精通乎六藝，學不專守於一家。是書之作，竊取
茲意，以爲按文究例，經生之功；實事求是，通儒之學。或者反以
不分師說，爲我詬病，甘作先儒之佞臣，卒爲古聖之亂賊。惴惴自
懼，竊有不敢。〔註3〕

黃以周撰著《禮書通故》之動機，肇因於唐、宋以來，禮學日微，禮學著作
流於臆說而少有創見。《禮書通故》撰著之內容，搜羅漢唐至清代各家對禮
學的解說，對禮制的詮釋，進而考證中國古代禮制、宗法、職官、田賦、
樂律、刑法、名物等，以糾正前人注解之謬誤，發揮《三禮》學之精髓。本
書融會《三禮》所涉及之基本內容，全書近一百餘萬字，提出闡釋禮學問
題，凡三千四百七十條，可謂包蘊宏富。茲述《禮書通故》全書之篇卷名稱
如下：

一、篇卷名稱

《禮書通故》全書分五十目〔註4〕，共一百零二卷，茲將全書之目次，臚
列如下：

〈禮書通故〉一卷，〈宮室通故〉二卷，〈衣服通故〉四卷，〈卜筮通
故〉一卷、〈冠禮通故〉一卷、〈昏禮通故〉一卷、〈見子禮通故〉一
卷、〈宗法通故〉一卷、〈喪服通故〉五卷、〈喪禮通故〉五卷、〈喪
祭通故〉三卷，〈郊禮通故〉二卷、〈社禮通故〉一卷、〈群祀禮通故〉
二卷、〈明堂禮通故〉一卷、〈宗廟禮通故〉二卷、〈肆獻祼食禮通故〉
七卷、〈時享禮通故〉一卷、〈改正頒朔禮通故〉一卷、〈耤田躬桑禮
通故〉一卷、〈相見禮通故〉一卷、〈食禮通故〉二卷、〈飲禮通故〉
一卷、〈燕饗禮通故〉一卷、〈射禮通故〉五卷、〈投壺禮通故〉一卷、
〈朝禮通故〉一卷、〈聘禮通故〉二卷、〈覲禮通故〉二卷、〈會盟禮
通故〉一卷、〈即位改元禮通故〉二卷、〈學校禮通故〉二卷、〈選舉
禮通故〉一卷、〈職官禮通故〉五卷、〈井田通故〉一卷、〈田賦通故〉
一卷、〈職役通故〉一卷、〈錢幣通故〉一卷、〈封國通故〉一卷、〈軍
禮通故〉二卷，〈田禮通故〉一卷、〈御禮通故〉一卷、〈六書通故〉
三卷、〈樂律通故〉二卷、〈刑法通故〉一卷、〈車制通故〉二卷、〈名

〔註3〕 同上注，頁 2722。
〔註4〕 案清國史館〈黃以周傳〉作：「凡敘目四十九」，《清史列傳·黃氏三附傳》同，
清史館〈黃以周傳稿〉則作「列五十目」，《續碑傳集》卷 75 同。

物通故〉五卷、〈禮節圖表〉二卷、〈宗法表〉一卷、〈井田表〉一卷、
〈學校表〉一卷、〈六服朝見表〉一卷、〈禮節圖〉三卷、〈名物圖〉
四卷、〈敘目〉一卷。〔註5〕

由上述可知，其書篇目廣大，幾涵蓋經部、子部論禮之書，以禮書源流居首，
先釋宮室以下諸篇，順序大體是「吉、凶、嘉、賓、軍」等五禮，另外旁及
田制、學校、職官等多項，並附有禮節圖、名物圖及敘目共五十目。除了以
《儀禮》十七篇之目爲準外，亦不以單純的五禮爲分類，有許多的篇目是以
上下源流的角度來衡量。

二、篇卷內容概述

《禮書通故》全書卷帙浩繁，茲舉五則《禮書通故》之篇目及內容，說
明如下：

（一）〈禮書通故〉第一

中祕古文，曰禮曰經，今號《儀禮》，名已不正。〈士禮〉獨傳，篇
存其九，后倉傳其學，作〈后倉曲臺〉，厥義是究。〔註6〕《小戴》
四九，《別錄》已箸，〈樂記〉、〈月令〉，詎待融補？〔註7〕《王史》、
荀卿，或取或去，專刺《大戴》，斯言亦誣。〔註8〕述〈禮書通故〉
第一。〔註9〕

在《禮書通故》開宗明義篇，黃以周即引經據典，說明《儀禮》之名，在戰
國之世，其書與名具佚，獨存漢高堂生所傳十七篇《士禮》。東海后蒼善說禮，
於曲臺殿撰禮一百八十篇，號曰《后氏曲臺記》。后蒼傳於梁國戴德及戴聖，
戴德刪《后氏記》爲八十五篇，名《大戴禮》。戴聖又刪《后氏記》爲四十九
篇，名《小戴禮》。黃以周撰《禮書通故》一書，先爲《三禮》正名，因此篇
首取名爲〈禮書通故〉，足證黃以周對《三禮》探本溯源之用心。

〔註5〕 〔清〕黃以周撰、王文錦點校：〈點校前言〉，《禮書通故》，頁1～2。
〔註6〕 〔唐〕賈公彥：〈序周禮廢興〉：「禮經三百，威儀三千。及周之衰，諸侯將逾
法度，惡其周亡，滅去其籍，自孔子時而不具，至秦大壞。漢興，至高堂生
博士傳十七篇。孝宣世，后倉最明禮，戴德、戴聖、慶普皆其弟子，三家立
於學官。」見〔漢〕鄭玄注、〔唐〕賈公彥疏：《周禮注疏》，頁7。
〔註7〕 同上注，頁8。
〔註8〕 同上注，頁11～12。
〔註9〕 〔清〕黃以周撰、王文錦點校：《禮書通故》，頁2713。

（二）〈冠禮通故〉第五

> 天子元子，雖貴亦士，王侯冠禮，悉自後起。加爾尊服，棄爾幼志，
>
> 產各以物，成人在始。述〈冠禮通故〉第五。〔註10〕

在〈冠禮通故〉篇首，黃以周引鄭玄〈士冠禮目錄〉〔註11〕論述天子之子與士之子，不同的冠禮、冠服制度。《禮記・冠義》云：「冠者禮之始也。是故古者聖王重冠。古者冠禮，筮日筮賓，所以敬冠事。敬冠事所以重禮，重禮所以爲國本也。」〔註12〕說明冠禮是禮儀的起始。冠禮屬於五禮中的「嘉禮」，它代表孺子轉變爲成人第一次踐行的禮儀，只有能履踐「孝、悌、忠、順」的德行，才稱得上是合格的成人。因此，儒家將冠禮定位於「禮儀之始」，賦予它崇高的文化地位。《禮書通故》將〈冠禮通故〉列爲第五，並分述三十八條古籍與學者論述「冠禮」之學說。

（三）〈昏禮通故〉第六

> 納采用雁，禮同奠摯，卜而納吉，何嫌乖刺！六禮告廟，敬布几筵，
>
> 經詳女氏，壻家從簡。〔註13〕鹵莽讀禮，謬曰不情，所訾非疵，以
>
> 經證經。述〈昏禮通故〉第六。〔註14〕

黃以周引《毛詩傳》云：「娶妻如之何？必告父母。謂告父母廟。」〔註15〕論

〔註10〕 同上注，頁2714。

〔註11〕 〔漢〕鄭玄注、〔唐〕賈公彥疏：〈士冠禮目錄〉云：「童子任職居士位，年二十而冠，主人玄冠朝服，則是於諸侯。天子之士，朝服皮弁素積。古者四民世事，士之子恆爲士。」見《儀禮注疏》，卷2，頁2。

〔註12〕 〔漢〕鄭玄注、〔唐〕孔穎達疏：《禮記正義》，卷61，頁998。

〔註13〕 〔唐〕孔穎達疏：〈齊風・雞鳴訓詁傳〉：「傳以經云：『必告父母』，嫌其唯告生者，故云『必告父母之廟』。《箋》又嫌其唯告於廟，故云『議於生者，卜於死者』，以足之。婚有納吉之禮，卜而得吉，使告女家，是娶妻必卜之。〈士冠禮〉云：『筮於廟門』，明卜亦在廟也。〈曲禮〉云『男女非有行媒，不相知名』，故齊戒以告鬼神。昭元年《左傳》說楚公子圍將娶妻於鄭，其辭云：『圍布幾筵，告於莊、恭之廟而來。』是娶妻自有告廟之法。而《箋》必以卜者，以納吉爲六禮之一，故舉卜言之。案《昏禮》受納采之禮云：『主人筵於戶西。』注云：『主人，女父也。筵，爲神布席也。將以先祖之遺體許人，故受其禮於廟也。』其後諸禮皆轉以相似，則禮法皆告廟矣。女家尚每事告廟，則夫家將行六禮，皆告於廟，非徒一卜而已。明以卜爲大事，故特言之。」見《毛詩正義》，卷5，頁197。

〔註14〕 同注9，頁2714。

〔註15〕 〔漢〕鄭玄箋、〔唐〕孔穎達疏：〈齊風・雞鳴訓詁傳〉，《毛詩正義》，卷5，頁197。

述古代昏禮「六禮告廟」之說，《禮記・昏義》云：「昏禮者，將合二姓之好，上以事宗廟，而下以繼後世也，故君子重之。是以昏禮納采、問名、納吉、納徵、請期，皆主人筵幾於廟，而拜迎於門外，入揖讓而升，聽命於廟，所以敬慎重正昏禮也。」〔註16〕昏禮屬於五禮中的「嘉禮」，先秦時昏禮於黃昏舉行，故稱「昏禮」〔註17〕，它代表和合人倫關係，夫妻結合的禮儀。以周案語強調：「〈昏禮〉前半篇敘六禮之行，皆主婦家立文，男家之事多從略，立文然也。婦家六禮之行皆受於廟，男氏不言可知。」〔註18〕黃以周引證古籍，分述七十二條有關古代昏禮之諸多事宜，可見其實事求是之撰述態度。

（四）〈喪禮通故〉第十

> 髻髮異髻，變除有節〔註19〕，決握連掔，古誼莫失。〔註20〕始死充充，既殯瞿瞿，必痛如斯，面黑如苴。〔註21〕易不如戚，顧睨衰絰，不稱其服，有名無實。述〈喪禮通故〉第一十。〔註22〕

〔註16〕　〔漢〕鄭玄注、〔唐〕孔穎達疏：〈昏義〉，《禮記注疏》，卷61，頁999。

〔註17〕　〔漢〕鄭玄注、〔唐〕賈公彥疏：〈士昏禮目錄〉云：「士娶妻之禮，以昏為期，因而名焉。必以昏者，陽往而陰來，日入三商為昏。」見《儀禮注疏》，卷4，頁39。

〔註18〕　〔清〕黃以周撰、王文錦點校：《禮書通故》，頁246。

〔註19〕　〈喪服〉：「布總，箭笄，髽衰，三年。此妻妾女子子喪服之異於男子者。總，束髮。謂之總者，既束其本，又總其末。箭笄，筱竹也。髽，露紒也，猶男子之括髮。斬衰括髮以麻，則髽亦用麻。以麻者自項而前，交於額上，卻繞紒，如著慘頭焉。」見《儀禮注疏》，卷29，頁347～348。

〔註20〕　〈士喪禮〉：「商祝掩、瑱，設幎目，乃屨，綦結於跗。乃襲，三稱，明衣不在筭。設韐帶搢笏，設決，麗於掔，白飯持之。設握，乃連掔。釋曰：『商祝，祝習商禮者，雖同是周祝，仰習夏禮則曰夏祝，仰習商禮則曰商祝也。自此盡於坎，論襲屍之事。』云：『掩者，先結頤下。既瑱，幎目，乃還結項也』者，經先言掩，後言瑱與幎目，鄭知後結項者，以其掩有四腳，後二腳先結頤下，無所妨，故先結之。若即以前二腳向後結于項，則掩於耳及面，兩邊瑱與幎目無所施，故先結頤下，待設瑱塞耳，並施幎目，乃結項後也。云：『跗，足上也』者，謂足背也。」見《儀禮注疏》，卷36，頁421～422。

〔註21〕　〈檀弓〉上：「始死，充充如有窮。既殯，瞿瞿如有求而弗得。既葬，皇皇如有望而弗至。練而慨然，祥而廓然。皆憂悼在心之貌也。求猶索物。《正義》曰：『此記人因前有死事，遂廣說孝子形節也。事盡理屈為窮。言親始死，孝子匍匐而哭之，心形充屈，如急行道極無所復去，窮急之容也。既殯瞿瞿，如有求而弗得者，殯斂後，心形稍緩也。瞿瞿，眼目速瞻之貌。求猶覓也。貌恒瞿瞿，如有所失而求覓之不得然也。』」見《禮記正義》，卷6，頁118。

〔註22〕　〔清〕黃以周撰、王文錦點校：《禮書通故》，頁2715。

黃以周說明喪葬禮儀之重要。《禮記・三年問》曰:「三年之喪,何也?曰:稱情而立文,因以飾群,別親疏貴賤之節,而弗可損益也。故曰:無易之道也。創巨者,其日久;痛甚者,其愈遲。三年者,稱情而立文,所以爲至痛極也。斬衰、苴杖;居倚廬、食粥、寢苫、枕塊,所以爲至痛飾也。三年之喪,二十五月而畢,哀痛未盡、思慕未忘,然而服以是斷之者,豈不送死有已,復生有節也哉?」〔註23〕,可見喪葬禮儀是中國人「慎終追遠」的表現。喪禮屬於五禮中的「凶禮」,它代表對往生者的關懷與哀思。在《三禮》中對我國古代喪禮的各種禮儀均有詳實的記載,因此《禮書通故》全書共分五個章節二百四十一條,來闡述喪禮的形式制度。

(五)〈宗廟禮通故〉第十六

> 周人七廟,韋、劉異說,高密知禮,羣言可折。祧主何藏?大廟石室。謬曰癮園,情傷理室。廟必異宮,豈僅異室?後代四親,與祧何別?述〈宗廟禮通故〉第一十六。〔註24〕

黃以周引《石渠論》、《白虎論》,並云「周以后稷、文、武特七廟」,是即鄭說所本也。王肅據劉歆說,謂文武非廟之數。《穀梁傳》以爲天下三昭三穆,與太祖之廟而七,與韋玄成二昭二穆、文武世室及太祖廟而七之說異。其云宗不在正廟數中者,舉殷三宗,斥言周成王,而謂文武受命之王亦如三宗,不在七廟正數。此王肅之臆說,劉歆無此言也。〔註25〕可見黃以周考證帝王禮典,天子立宗廟諸多事宜,務在求通以告後聖可行,因此根據鄭玄之說,旁徵博引,來辯駁王肅之臆說。宗廟禮屬於五禮中的「吉禮」,吉禮是五禮之冠,主要是對天神、地祇、人鬼的祭祀典禮。因此《禮書通故》全書共分二個章節四十九條,來闡述宗廟禮的禮儀活動。

(六)《禮書通故》與「五禮」相配合之篇卷

依照《周禮・春官・大宗伯》對「五禮」〔註26〕之分類,於此將《禮書

〔註23〕〔漢〕鄭玄注、〔唐〕孔穎達疏:〈三年問〉,《禮記正義》,卷58,頁961。

〔註24〕〔清〕黃以周撰、王文錦點校:《禮書通故》,頁2716。

〔註25〕同上注,頁723~724。

〔註26〕〔漢〕鄭玄注、〔唐〕賈公彥疏:〈春官・大宗伯〉:「大宗伯之職,掌建邦之天神、人鬼、地示之禮,以佐王建保邦國。鄭玄注:『禮,吉禮是也。保,安也。所以佐王立安邦國者,主謂凶禮、賓禮、軍禮、嘉禮也。目吉禮於上,承以立安邦國者,互以相成,明尊鬼神,重人事。』見《周禮注疏》,卷18,頁270。

通故》篇目與「五禮」相配合，簡述如下：

　　吉禮：〈群祀禮通故〉、〈明堂禮通故〉、〈宗廟禮通故〉、〈肆獻祼食禮通
　　　　　故〉、〈時享禮通故〉、〈改正頒朔禮通故〉、〈耤田躬桑禮通故〉。

　　凶禮：〈喪服通故〉、〈喪禮通故〉、〈喪祭通故〉。

　　嘉禮：〈冠禮通故〉、〈昏禮通故〉、〈食禮通故〉、〈飲禮通故〉、〈燕饗禮
　　　　　通故〉、〈射禮通故〉、〈投壺禮通故〉。

　　賓禮：〈聘禮通故〉、〈覲禮通故〉、〈會盟禮通故〉。

　　軍禮：〈軍禮通故〉、〈田禮通故〉、〈御禮通故〉、〈車制通故〉。

　　從上列可知，本書內容相當廣泛，並不限於古禮，故作者說「取卷首以命其書」。與「五禮」相配合之篇卷，共有二十四篇。不過，書中如井田、田賦、職役、樂律、刑法、車制、名物諸門所研討的問題，大都出自《周禮》、《儀禮》、《禮記》三書，所以命名《禮書通故》，概念也是周延的。〔註27〕《禮書通故》一書，開啟辨彰諸禮，融會諸說，並論斷各書眞僞的門鑰。

第二節　《禮書通故》著作體例

　　胡玉縉在《禮書通故‧跋》評其體例云：

> 是編發摅禮學，上自漢、唐，下逮當世，經注史說，諸子雜家，義
> 有旁涉。率皆甄錄。去非求是，務折其中，足當體大思精四字。
> 〔註28〕

說明《禮書通故》撰著之體例，涵蓋漢、唐至清代，諸子雜家論述禮學之著作。《禮書通故》既然是會通諸禮經之作，故辨彰各篇眞僞，成為其書一重要課題。就著述的目的和體例而言，本書主要旨趣，並不在於資料的彙集編纂，而著眼於辨析是非，稱得上是體大思精之巨著。〔註29〕茲述《禮書通故》編撰之體例，如下：

一、援引古籍，不注出處

　　細讀《禮書通故》之篇卷，作者綜貫羣經，援引與禮學相關之古籍資料，卻不注明出處，不便於讀者檢視論述內容。茲舉二例，說明如下：

〔註27〕〔清〕黃以周撰、王文錦點校：〈點校前言〉，《禮書通故》，頁 2。
〔註28〕〔清〕黃以周撰、王文錦點校：《禮書通故》，頁 2723。
〔註29〕同上注，頁 2。

（一）〈衣服通故〉第 5 條

弁師掌王之五冕，皆玄冕。鄭玄云：「冕服有六，而言五冕者，大裘
之冕蓋無旒，不聯數也。」陸佃、鄭鍔說，大裘被袞，則同一冕，
故服六而冕五。〔註30〕

以周案：

〈司服〉言王之冕服有六，而〈弁師〉云五冕者，不數玄冕也。玄
冕無旒，〈弁師〉言垂繅綴玉之制，故不及玄冕，而云五冕皆玄冕，
以玄冕為質也，則五冕內不數玄冕可知，合玄冕則有六冕亦可知。〈郊
特牲〉云：「戴冕璪十有二旒」，則大裘之冕有旒，而卻非即袞冕。
鄭、陸二說並誤。〔註31〕

案：在引文之始，未指明出處。考查內容，可知黃以周轉引《禮記・郊特牲》
〔註32〕論述「弁師掌王之五冕」之禮制，並引鄭玄之說，服六而冕五，是因
「大裘之冕蓋無旒，不聯數也」之故。但查考《禮記・郊特牲》孔穎達疏：
引「《周禮・司服》云：『王祀昊天上帝，則大裘而冕，祀五帝亦如之。』」又
云：「『王被袞，戴冕璪十有二旒。』故知是魯禮，非周郊也。」與黃以周之
案語：「大裘之冕有旒，而卻非即袞冕」之說不同。

（二）〈衣服通故〉第 7 條

玉府共王之服玉、佩玉、珠玉。鄭玄云：「《詩傳》曰：『佩玉，上有
蔥衡，下有雙璜，衡牙蠙珠，以納其閒。』」鄭司農云：「珠玉，冠飾，
十二玉。」〔註33〕

以周案：

服玉統辭，佩玉珠玉別辭。先鄭注釋珠玉，非澤服玉。今本作「服」
字，誤。阮氏《校勘記》未正。玩先鄭意，五采繅十有二就，皆五
采玉十有二，謂就皆用五采之玉，就各一玉，十二就，有十二玉也。
康成不用其說，故注〈弁師〉云：「合五采絲為繩，每一匝而貫五采
玉十二，斿則十二玉也。」暗斥先鄭注義。其實依先鄭注，五采玉

〔註30〕同上注，頁 77。
〔註31〕同上注。
〔註32〕〔漢〕鄭玄注、〔唐〕孔穎達疏：〈郊特牲〉：「《周禮・司服》云：『王祀昊天
上帝，則大裘而冕，祀五帝亦如之。』五帝若非天，何為同服大裘？」見《禮
記正義》，卷 25，頁 480。
〔註33〕〔清〕黃以周撰、王文錦點校：《禮書通故》，頁 78～79。

爲一玉有五采，三采玉認爲一玉有三采，就各一玉，制與瑱同，亦
足備一解。〔註34〕

案：在引文之始，未指明出處。考查內容，可知黃以周轉引《周禮注疏·天官冢宰下·玉府》〔註35〕中共王之服玉、佩玉、珠玉之形制，及鄭玄引《詩傳》說明佩玉外觀之形式，及誤將卷名「玉府」雜入正文，而出現「玉府共王之服玉、佩玉、珠玉」令人不解之文字。

（三）〈職官禮通故〉第 151 條

大史，中大夫一人，下大夫二人，上士四人。小史，中士八人，下士有六人。馮相氏，中士二人，下士四人。保章氏，中士二人，下士四人。〔註36〕

以周案：

此《周官》之掌天文者也。上古重曆數，故少皞五鳩氏即周世之卿官，而別有鳳鳥氏等官主曆。唐虞亦于卿官之外，別命羲和掌天地四時。夏殷亦于五官之外，別建六大以掌天官。皆卿官也。《左氏傳》曰：「天子有日官，諸侯有日卿，日官居卿以底日，日御不失日以授百官于朝。」杜注云「日官不在六卿之數而位從卿」是也。至周則其官屬之宗伯，而以中大夫爲之，與古制異。或者反以之議〈曲禮〉未通于古，非也。〔註37〕

案：黃以周引《周禮·春官·宗伯》論述大史：「讀禮書，祭之日，執書以次位常，是禮事及鬼神之事也。」、小史：「小史與大史別職而同官，故共府史也。」、馮相氏：「掌歲月星辰之位。」、保章氏：「掌天星，以志星辰日月之變動，以觀天下之遷。」等職事。〔註38〕此段引文未注明出處，若不查考原典，則不知其所由來爲何？於以周案中則指出此《周官》之掌天文者，並說明《周禮·春官·宗伯》所列之官職，其來有自，源於上古。並引《左傳》

〔註34〕 同上注。

〔註35〕 〔漢〕鄭玄注、〔唐〕賈公彥疏：〈天官冢宰下·玉府〉：「共王之服玉、佩玉、珠玉。佩玉者，王之所帶者。《玉藻》曰：『君子於玉比德焉。天子佩白玉而玄組綬。』《詩傳》曰：『佩玉，上有蔥衡，下有雙璜、沖牙，蠙珠以納其間。』」見《周禮注疏》，卷6，頁96。

〔註36〕 同注33，頁1480。

〔註37〕 同上注。

〔註38〕 〔漢〕鄭玄注、〔唐〕賈公彥疏：〈春官·宗伯〉，《周禮注疏》，卷17，頁265～266。

之說，證明周代宗伯官屬，以中大夫爲之，與古制不同。

二、摘引諸說，不標姓名

《禮書通故》一書，博采眾論，全書摘引清代以前各家論述禮學之觀點，卻未標上姓名，僅在案語上陳述一己之見解，因此讀者檢索此書，稍欠方便。茲舉二例說明如下：

（一）〈宗廟禮通故〉第 12 條

> 一云：「二祧即文武之廟，祭止享嘗，非尊祖敬宗之義。且文武百世不遷者，不得云去祧爲壇。」〔註39〕

以周案：

> 天子特立二廟于太祖之下、四親之上，而此二廟不得有高曾祖禰之稱，又不可以無名，因以其世數之遠也，謂之遠廟。又以其本在祧遷之列，謂之二祧。「遠廟爲祧，有二祧」，係始受命者之親盡遠祖，亦溯其前而言，不得據文、武已正位後以難之也。〔註40〕

案：黃以周引《禮記·王制》中論七廟、親廟四、始祖廟一之形制〔註41〕，及《禮記·祭法》中論述天子立七廟、二祧即文、武之廟之禮制。〔註42〕但在引文中僅記載「一云」，在以周案語中亦未言及摘引諸說之姓名，徒增讀者檢索資料之困惑。

（二）〈肆獻裸饋食禮通故〉第 185 條

> 禮有祭肺、舉肺。〔註43〕

以周案：

> 舉肺爲食而設，亦謂之離肺，亦謂之嚌肺，割之，使中央不絕少許，故祭肺者必奠爵，爲宜用兩手絕之也。舉肺爲祭而設，亦謂之刌肺，亦謂之切肺，割之中絕，故祭祭肺者左執爵以祭，爲已絕也。凡祭

〔註39〕〔清〕黃以周撰、王文錦點校：《禮書通故》，頁 727。
〔註40〕同上注。
〔註41〕〔漢〕鄭玄注、〔唐〕孔穎達疏：〈王制〉，《禮記正義》，卷 12，頁 241。
〔註42〕〈祭法〉：「是故王立七廟、一壇一墠：曰考廟、曰王考廟、曰皇考廟、曰顯考廟、曰祖考廟，皆月祭之；遠廟爲祧，有二祧，享嘗乃止；去祧爲壇，去壇爲墠，壇墠，有禱焉祭之，無禱乃止；去墠曰鬼。」見《禮記正義》，卷 46，頁 799。
〔註43〕〔清〕黃以周撰、王文錦點校：《禮書通故》，頁 869。

肺、舉肺，兼有爲備禮，如〈有司徹〉之尸俎、阼俎是也。不兼有
爲不備禮，侑無舉肺，主婦無祭肺是也。褚氏曰：「同一不備而有祭
肺者爲隆，侑有祭肺，主婦有祭肺，故鄭云下於侑。」〔註44〕

案：黃以周引《儀禮・士昏禮》論述娶妻之日祭祀之祭品「舉肺脊二，祭肺
二」事宜，鄭玄注：「每皆二者，夫婦各一耳。」〔註45〕《禮記。郊特牲》論
娶婦「玄冕齊戒，鬼神陰陽也」，故與祭祀同二肺也。據下文先用祭肺，後用
舉肺，此經先言舉肺，後言祭肺者，以舉肺脊長大，故先言。是以〈特牲〉、
〈少牢〉入鼎時舉肺脊在前。黃以周在案語中，又引《儀禮・相飲酒禮》論
述大夫獻賓行相飲酒之儀節。〔註46〕在以周案語中亦未言及摘引諸說之姓
名，徒增讀者檢索資料之困惑。

（三）〈宮室通故〉第24條

　　禮家舊說，兩序在房戶外之東西，序內入序稍深。〔註47〕

以周案：

　　序之廣如室深，當棟，其南謂之序端，其北謂之序內。鄭注〈公食
　　大夫禮〉「公立於序內」，云「示親饌」。時設饌戶外，與序北近，故
　　云示親饌。如舊說序內爲負序，與饌已遠，且贊者亦不得負東房南
　　面告具於公。序內之名與楹內、碑內同。楹內在楹北，碑內在碑北，
　　序內當在序北。如舊說，東西序直抵房外，則房無以通堂，乃大之
　　與室等，又不顧室隘無以行禮，而庶子冠於房戶外，與適子筵東序
　　少北謂之冠于阼，更何從區別邪。〔註48〕

〔註44〕　同上注，頁869～870。
〔註45〕　〔漢〕鄭玄注、〔唐〕賈公彥疏：〈士昏禮〉：「期，初昏，陳三鼎於寢門外東
　　　　方，北面，北上。其實特豚，合升，去蹄。舉肺脊二，祭肺二，魚十有四，
　　　　臘一肫，髀不升。皆飪。設扃。」鄭玄注：「期，取妻之日。鼎三者，升豚、
　　　　魚、臘也。鼎三者，升豚、魚、臘也。寢，婿之室也。北面，鄉內也。特猶
　　　　一也。合升，合左右胖升於鼎也。去蹄，蹄甲不用也。舉肺、脊者，食時所
　　　　先舉也。肺者，氣之主也，周人尚焉。脊者，體之正也，食時則祭之，飯必
　　　　舉之，貴之也。每皆二者，夫婦各一耳。」見《儀禮注疏》，卷4，頁42。
〔註46〕　〈相飲酒禮〉：「奠爵於荐西，興，右手取肺，卻左手執本，坐，弗繚，右絕
　　　　末以祭，尚左手，嚌之。興，加於俎。」釋曰：「奠爵於荐右者，爲取肺奠之
　　　　將舉，故奠於右。」《禮記。少儀》云：「『取俎進俎，不坐』，是以取時奠爵
　　　　興，至加於俎又興也。」見《儀禮注疏》，卷8，頁84。
〔註47〕　同注43，頁38。
〔註48〕　〔清〕黃以周撰、王文錦點校：《禮書通故》，頁38。

案：黃以周引《尚書‧顧命》：「西序東向、東序西向，則序旁已有王之坐矣。」〔註49〕說明東西序之位置。於以周案語，引《儀禮‧公食大夫禮》：「公立于序內，西鄉。（不立阼階上，示親饌。）」鄭注：「不立阼階上，示親饌者，以其君之行事皆在阼階上，今近阼北者，以其設饌在戶西近北，今君亦近北，是亦親監饌故也。」〔註50〕論述「序之廣如室深，當棟，其南謂之序端，其北謂之序內。」之意涵。黃以周引述禮經，不標出處姓名。若不查考原典，不知所云爲何物。

三、引證經籍，改易內容

黃以周著《禮書通故》一書引證經籍，說明古代禮儀制度，卻增刪古籍文字，因此讀者檢索此書，頗爲不易。茲舉二例說明如下：

（一）〈喪祭通故〉第5條

《記‧檀弓》：「小斂之奠，子游曰：『于東方。』曾子曰：『於西方，斂斯席矣。小斂之奠在西方，魯禮之末失也。』」鄭玄云：「曾子以俗說非。又大斂奠於堂，乃有席。」〔註51〕

以周案：

〈士喪禮〉小斂奠於尸東。曾子以西方斂斯席爲末失，義同子游。孔疏非。〔註52〕

案：黃以周引《禮記‧檀弓》曾子論「小斂失禮失禮之事」〔註53〕，以周案語又引孔穎達《疏》：「案〈士喪禮〉『小斂之奠，設於尸東』，今曾子言西方，故爲非也。』」〔註54〕黃以周駁斥孔穎達《疏》：「曾子以西方斂斯席爲末失，

〔註49〕〔唐〕孔穎達疏：〈顧命〉：「序者，墙之別名，其墙南北長，坐北猶有序墻，故言『在西序』、『在東序』也」，《尚書正義》，卷18，頁279。

〔註50〕〔漢〕鄭玄注〔唐〕賈公彥疏：〈公食大夫禮〉，《儀禮注疏》，卷25，頁303。

〔註51〕同注48，頁554。

〔註52〕同上注：「注一：曾子以西方斂斯席爲末失，義同子游孔疏非。原作：『曾子于西方故鄭以爲非』校文云：後訂本作『曾子以西方斂斯席爲末失義同子游孔疏非』，今據改。」，頁554。

〔註53〕〔漢〕鄭玄注，〔唐〕孔穎達疏：〈檀弓上〉：「曾子曰：『尸未設飾，故帷堂，小斂而徹帷。』仲梁子曰：『夫婦方亂，故帷堂，小斂而徹帷。』小斂之奠，子游曰：『於東方。』曾子曰：『於西方，斂斯席矣。』曾子以俗說非。又大斂奠於堂，乃有席。小斂之奠在西方，魯禮之末失也。末世失禮之爲。」見《禮記正義》，卷8，頁147。

〔註54〕〈檀弓上〉：「依禮，小斂之奠設於東方，奠又無席，魯之衰末，奠於西方，

義同子游」之說不正確。贊同鄭玄之解說，因爲小斂奠所以在西方，是魯人行禮，末世失其法也。但黃以周刪改引文之文字，例如：《禮記・檀弓》：「曾子曰：『於西方，斂斯席矣。』曾子以俗說非。又大斂奠於堂，乃有席。小斂之奠在西方，魯禮之末失也。末世失禮之爲。」更改爲：「曾子曰：『於西方，斂斯席矣。小斂之奠在西方，魯禮之末失也。』」鄭玄云：「曾子以俗說，非。又大斂奠於堂，乃有席。」後人研讀此篇，若不查閱原文，易生誤解。

（二）〈宗廟禮通故〉第 3 條

《禮》賓入大門後，有每門每曲揖，乃及廟門。

鄭玄云：「周左宗廟，入外門，將東曲，揖；直廟，將北曲，又揖。」

賈公彥說：「諸侯大廟居中，二昭居東，二穆居西，廟皆別門，門外兩旁有隔墻，隔墻有閣門。東行經三門，乃至太祖廟，門中則相逼，入門則相遠，是以每門皆有曲，有曲即相揖。」〔註55〕

案：黃以周引《儀禮・士冠禮》〔註56〕中論述古代貴族男子二十歲行加冠之禮制。篇末冠禮行於廟，相對於廟門而言，大門爲外門。並引鄭玄注「每曲揖」〔註57〕之儀式過程。又引《儀禮・聘禮》〔註58〕中論述諸侯之間聘禮儀節，引賈公彥詮釋「諸侯有五廟」之事宜。但黃以周刪改賈公彥詮釋之內容文字，例如：「門外兩邊皆有南北隔墻，隔墻中夾通門。」更改爲：「門外兩旁有隔墻，隔墻有閣門。」刪除「若然，祖廟已西，隔墻有三，則閣門亦有

而又有席，曾子見時如是，謂將爲禮，故云小斂於西方。其斂之時，於此席上而設奠矣。曾子之言失禮，故記者正之云，小斂奠所以在西方，是魯人行禮，末世失其法也。」見《禮記正義》，卷 8，頁 147。

〔註55〕 〔清〕黃以周撰、王文錦點校：《禮書通故》，頁 720。

〔註56〕 〔漢〕鄭玄注、〔唐〕賈公彥疏：〈士冠禮〉：「釋曰：『周左宗廟』者，〈祭義〉與〈小宗伯〉俱有此文，對殷右宗廟也。言此皆欲見入大門東向入廟。云『入外門，將東曲，揖』者，主人在南，賓在北，俱東向，是一曲，故一揖也。至廟南，主人在東，北面，賓在西，北面，是曲爲二揖，故云：『直廟將北曲又揖』也。通下將入廟又揖，三也。」見《儀禮注疏》，卷 2，頁 19。

〔註57〕 〈士冠禮〉：「每曲揖。鄭玄：『周左宗廟，入外門，將東曲，揖；直廟，將北曲，又揖。』」見《儀禮注疏》，卷 2，頁 19。

〔註58〕 〈聘禮〉：「釋曰：諸侯三門，臯、應、路，則應門爲中門，左宗廟，右社稷，入大門東行，即至廟門，其間得有每門者，諸侯有五廟，大祖之廟居中，二昭居東，二穆居西。廟皆別門，門外兩邊皆有南北隔墻，隔墻中夾通門。若然，祖廟已西，隔墻有三，則閣門亦有三。東行經三門，乃至大祖廟，門中則相逼，入門則相遠，是以每門皆有曲，有曲即相揖，故『每曲揖』也。」見《儀禮注疏》，卷 20，頁 242。

三。」此段文字。

（三）〈學校禮通故〉第47條

《記・文王世子》：「天子視學，大昕鼓徵，眾至然後天子至，乃命
有司行事，興秩節祭先師先聖焉。有司卒事反命。」鄭玄云：「使有
司攝其事，舉常禮祭先師先聖。不親祭之者，視學觀禮耳，非爲彼
報也。」〔註59〕

以周案：

此節所記爲天子仲春養三老五更之禮，而先敘祭先師先聖者，天子
入學必釋菜於先師先聖，常禮然也。其使有司行事者，上文云「凡
學，春，官釋奠於先師」，是入學之釋菜，有司奉行之，亦常禮然也，
故曰「興秩節」。興讀爲舉。秩節者，常禮也。上文春官釋奠已謂之
凡，此有司行事又謂之秩節者，明此釋菜之祭，天子不親其事爲四
時入學之故事，以別下文釋奠先老爲養老之特典爾。鄭注「有司攝
事，不親祭，觀禮，非爲報」，皆非經義。〔註60〕

案：黃以周引《禮記・文王世子》論述天子「仲春養三老五更之禮」，教導「世
子及學士祭與養老合語」之威儀與義理。但黃以周刪改原文：「天子視學，大
昕鼓徵，所以警眾也。早昧爽擊鼓，以召眾也。警猶起也。《周禮》「凡用樂」，
大胥「以鼓徵學士。」〔註61〕並將《禮記正義》：「眾至，然後天子至，乃命
有司行事，興秩節，祭先師、先聖焉。……使有司攝其事，舉常禮祭先師、
先聖。不親祭之者，視學觀禮耳，非爲彼報也。」〔註62〕此段文字，會通爲
「天子視學，大昕鼓徵，眾至然後天子至，乃命有司行事，興秩節祭先師先
聖焉。有司卒事反命。」，後人研讀此段引文，若不查閱原文，定無法深入理
解其中意涵。

四、駁斥舊說，勘正訛誤

黃以周著《禮書通故》一書，值得稱道的是，研討問題堅持實事求是，

〔註59〕〔清〕黃以周撰、王文錦點校：〈學校禮通故〉：「舉常禮祭先師先聖，原脫
『祭』字，據《禮記・文王世子》鄭注補。」，《禮書通故》，頁1363。

〔註60〕同上注，頁1363～1364。

〔註61〕〔漢〕鄭玄注、〔唐〕孔穎達疏：〈文王世子〉，《禮記正義》，卷20，頁403～
404。

〔註62〕同上注，頁404。

不存門戶之見。比如《三禮》之學，向以鄭玄注爲宗，而此書駁鄭處不下百條，其申鄭處亦復不少。對待歷代數十百家的經師、學者也莫不如此，皆是採擇其精言，發揮其勝解，匡補其不逮，糾正其誤說，或申或駁，大都有根有據。〔註63〕茲舉二例說明，如下：

（一）申鄭

1.〈改正頒朔禮通故〉第19條

> 鄭玄云：「子貢欲去告朔之餼羊。牲生曰餼。人君每月告朔于廟，有祭謂之朝享。諸侯用羊，天子以牛與？以其告朔禮略，故用特牛。魯自文公始不視朔，視朔之禮以後遂廢。子貢見其禮廢，故欲去其羊。」〔註64〕

以周案：

> 牲生曰餼，生對熟言，非不殺也。「人君每月告朔于廟」句絕，「有祭謂之朝享」別一句，明告朔之後，有朝廟之祭也。必兼言之者，告朔無羊，餼羊之供在朝廟時。自後人誤以爲特羊告朔，反議鄭注兼朝廟言爲非，失其義矣。但《周官》之朝享，非告朔之朝廟。朝廟用特牲，此注云禮略是也，何復牽合朝享，斯則鄭注之失也。劉氏《論語正義》力闢鄭注，語皆無當。〔註65〕

案：黃以周引《論語・八佾》子貢論「欲去告朔之餼羊」與鄭玄之注解，說明孔子不欲廢禮，子貢欲去告朔之餼羊一事，孔子曰：「賜也！爾愛其羊，我愛其禮。」以周於案語又引《左傳・僖三十三年》論述餼之意〔註66〕，引《周禮》論述「人君每月告朔于廟」之禮制〔註67〕。黃以周贊同鄭玄之解說，駁

〔註63〕同注59：〈點校前言〉，頁3。
〔註64〕〔清〕黃以周撰、王文錦點校：《禮書通故》，頁944。
〔註65〕同上注，頁944～945。
〔註66〕「僖三十三年《左傳》曰：『餼牽竭矣。』餼與牽相對，牽是牲，可牽行，則餼是已殺，殺又非熟，故解者以爲腥曰餼，謂生肉未熟者也。其實餼亦是生。」見《論語注疏》，卷3，頁29。
〔註67〕同上注：「案《周禮》：『大史頒告朔于邦國。』」鄭玄云：「天子頒朔于諸侯，諸侯藏之祖廟，至朔朝于廟，告而受行之。」此云子貢欲去告朔之餼羊，是用生羊告於廟，謂之告朔，人君即以此日聽視此朔之政，謂之視朔。文十六年『公四不視朔』」，僖五年《傳》曰『公既視朔』是也。視朔者，聽治此月之政，亦謂之聽朔。〈玉藻〉云：『天子聽朔于南門之外』是也。其日又以禮祭於宗廟，謂之朝廟，《周禮》謂之朝享。」見《論語注疏》，卷3，頁29。

斥後人之說有誤。

2.〈飲禮通故〉第 47 條

鄭玄云：「席眾賓于賓席之西，皆獨坐。」一說《經》云「眾賓不屬」，
謂不與賓相屬，非眾賓皆獨坐。〔註68〕

以周案：

從鄭注。〔註69〕

案：黃以周引《儀禮‧鄉飲酒禮》：「眾賓之席，皆不屬焉。」鄭玄注解「席
眾賓於賓席之西。不屬者，不相續也，皆獨坐，明其德各特。」〔註70〕之意，
黃以周贊同鄭玄之解說。

3.〈肆獻祼饋食禮通故〉第 108 條

秦蕙田云：「〈坊記〉『因其酒肉，聚其宗族』，此指祭畢之燕，即〈中
庸〉『燕毛序齒』、〈楚茨〉『備言燕私』之事。鄭以獻酬薦俎爲說
者，祇緣所引《詩》辭當在獻酬交錯時故也。不知經云『聚其宗
族』不得以獻酬當之。引《詩》斷章，未可拘泥。『尸飲三，眾賓飲
一』陸農師以祼獻爲言，其說無稽。又酳尸在室，葉氏以爲在堂，
亦誤。」〔註71〕

以周案：

秦駁陸葉二說，皆當；其駁鄭，非也。《詩》辭固未可拘泥，然以下
文「故堂上觀乎室，堂下觀乎上」二語參之，則此斷非備言燕私之
事。注云：「羣昭羣穆皆至，而獻酬之，咸有薦俎。」以此爲獻酬交
錯事，則下文堂上觀室二語可接，而「禮儀卒度」二語亦合詩人正
旨。此正鄭注之精密而不可破者也。〔註72〕

案：黃以周引秦蕙田《五禮通考》論述祭畢之後，同族親屬私宴之事宜。

〔註68〕同注 54，頁 1043。
〔註69〕同上注。
〔註70〕〔漢〕鄭玄注、〔唐〕賈公彥疏：〈鄉飲酒禮〉：「釋曰：『鄭知眾賓席在賓席之
西者』，見〈鄉射〉云：『席賓，南面，東上。眾賓之席，繼而西。』此眾賓
之席亦當然，但此不屬爲異耳。云『皆獨坐，明其德各特』者，〈鄉射〉註云：
『言繼者，甫欲習眾庶，未有所殊別。』此乃特貢於君，故眾賓之席皆不屬
焉。明三物已久，其德各特，故不屬續其席。雖不屬，猶統賓爲位，同南面
也。」見《儀禮注疏》，卷 8，頁 81。
〔註71〕〔清〕黃以周撰、王文錦點校：《禮書通故》，頁 829。
〔註72〕同上注。

〔註73〕秦蕙田會通《詩‧小雅‧楚茨》:「諸父兄弟,備言燕私。」毛傳:「燕而盡其私恩。」鄭玄箋:「祭祀畢,歸賓客豆俎,同姓則留與之燕,所以尊賓客、親骨肉也。」〔註74〕《禮記‧坊記》:「因其酒肉,聚其宗族,以教民睦也。故堂上觀乎室,堂下觀乎上。詩云:『禮儀卒度,笑語卒獲』。」〔註75〕《禮記‧中庸》:「燕毛,所以序齒也。」〔註76〕說明燕毛爲祭畢而燕,以毛髮之色,別長幼爲座次,表示在宗廟祭中,不失其禮儀節度。於以周案語,贊同秦蕙田駁斥陸農師、葉氏二說之失當。並贊許鄭玄之解說精密而不可破。

(二)駁鄭

1.〈羣祀禮通故〉第28條

鄭玄注〈月令〉天宗、公社、門閭及臘先祖五祀,即《周禮》之蜡祭,而〈郊特牲〉注又分蜡臘爲二。蔡邕《獨斷》云:「夏曰嘉平,殷曰清祀,周曰大蜡,漢曰臘。」張揖《廣雅》云:「夏曰清祀,殷曰嘉平,周曰大蜡,亦曰臘。」〔註77〕

以周案:

蜡臘當分二祭,《獨斷》、《廣雅》皆誤。蜡祭八神,而天宗、公社、門閭諸祀不與焉,鄭注亦非。臘者蜡之屬,故臘可謂之蜡,而蜡不得謂之臘。自漢歲終祭百神俱名臘,則臘行而蜡廢。〔註78〕

案:黃以周引《禮記‧月令》:「天子乃祈來年于天宗,大割祠于公社及門閭,臘先祖五祀。此《周禮》所謂蜡祭也。」〔註79〕,並引蔡邕、張揖注解夏、商、周三代及漢代對「臘祭」之別稱。於案語中指正蔡邕、張揖之解析有誤。並引《禮記‧郊特牲》:「大蜡八者,即鄭注云:『先嗇一,司嗇二,農三,郵表畷四,貓虎五,坊六,水庸七,昆蟲八。』所祭之神,合聚萬物而

〔註73〕〔清〕秦蕙田著:〈吉禮‧宗廟時享〉,《五禮通考》,卷89,頁13〜14。
〔註74〕〔漢〕鄭玄箋、〔唐〕孔穎達疏:〈小雅‧楚茨〉,《毛詩正義》,卷13,頁458。
〔註75〕〔漢〕鄭玄注、〔唐〕孔穎達疏:〈坊記〉,《禮記正義》,卷51,頁869。
〔註76〕〈中庸〉:「燕,謂既祭而燕也。燕以發色爲坐,祭時尊尊也,至燕親親也。齒,亦年也。」,《禮記正義》,卷52,頁886〜887。
〔註77〕〔清〕黃以周撰、王文錦點校:《禮書通故》,頁691。
〔註78〕同上注。
〔註79〕〔漢〕鄭玄注,〔唐〕孔穎達:〈月令〉:「天宗,謂日月星辰也。大割,大殺群牲割之也。臘,謂以田獵所得禽祭也。五祀:門、戶、中霤、灶、行也。或言祈年,或言大割,或言臘,互文。」見《禮記正義》,卷17,頁343。

索饗之，但以此八神爲主。」〔註80〕以駁斥鄭玄於《禮記・月令》中對蜡祭八神之解說不正確。

2.〈宮室通故〉第74條

鄭玄云：「宮隅、城隅謂角浮思也。」

戴震云：「門臺謂之宮隅，城臺謂之城隅。」

焦循云：「鄭注角釋隅。角浮思者，城之四角爲屏以障城，高于城二丈。」〔註81〕

以周案：

從焦說。宮隅，周城之隅。城隅，國城。〔註82〕

案：黃以周融攝辨正鄭玄、戴震〔註83〕、焦循〔註84〕各家之說，並指焦循解析鄭玄注解《周禮・冬官考工記下》「鄭注角釋隅。角浮思者，城之四角爲屏以障城，高于城二丈」〔註85〕之義涵，較爲正確。

3.〈朝禮通故〉第17條

鄭玄說，《論語》「端章甫」，衣玄端，冠章甫，諸侯日視朝之服也。皇侃說，周諸侯日視朝之服，衣緇布衣，素積裳，冠委貌。此云玄端日視朝者，容是周末禮亂故也。賈公彥云：「對文，玄端有纁裳、玄裳、雜裳、朝服緇衣而素裳。但六入爲玄，七入爲緇，大判言之，緇衣亦名玄，是以散文言之，朝服亦名玄端。《論語》『端章甫』，以端是正幅也，非直服名端。六冕亦有端稱。《禮記》『端冕而聽古樂』，

〔註80〕〈郊特牲〉：「臘也者，索也，謂求索也。歲十二月，合聚萬物而索饗之也。歲十二月，周之正數，謂建亥之月也。饗者，祭其神也，萬物有功加於民者，神使爲之也，祭之以報焉，造者配之也。蜡之祭也，主先嗇而祭司嗇也。先嗇，若神農者。司嗇，后稷是也。祭百種，以報嗇也。嗇所樹藝之功，使盡饗之。」見《禮記正義》，卷26，頁500。

〔註81〕同注77，頁65。

〔註82〕同注77，頁65。

〔註83〕〔清〕戴震〈毛鄭詩考正〉：「據記考之公侯伯之城皆當高五雉，城隅與天子宮隅等，門台謂之宮隅，城台謂之城隅，天子諸侯台門以其四方而高，故有隅之稱。」（合肥：黃山書社，1995年），收入《戴震全書》第一冊），卷1，頁600。

〔註84〕〔清〕焦循：《群經宮室圖》，《續修四庫全書》，第173冊，頁602。

〔註85〕〔漢〕鄭玄注、〔唐〕賈公彥疏：〈冬官考工記下〉：「凡六樂者，一變而致〈冬官考工記下〉，《周禮注疏》：「鄭以『浮思』解『隅』者，按漢時云『東闕浮思災』，言災，則浮思者，小樓也。」見《周禮注疏》，卷41，頁645。

　　　是冕服正幅亦名端也。」〔註86〕

以周案：

　　　端可謂之朝服，不得以爲玄端，鄭注誤。詳見服制門。〔註87〕

案：黃以周引《論語・先進》鄭玄注解端章甫之意：「端，玄端也，衣玄端，
冠章甫，諸侯日視朝之服。」〔註88〕並引《禮記・樂記》魏文侯問於子夏曰：
「吾端冕而聽古樂，則唯恐臥；聽鄭衛之音，則不知倦。」〔註89〕說明冕服
正幅亦名端也。於以周案語，則強調「端可謂之朝服，不得以爲玄端。」駁
斥鄭玄之解說不正確。

　　綜合上述，可知禮學繁雜，許多問題自古就眾說紛紜，莫衷一是。〈禮書
通故一〉第12條末云：「凡近儒之說，有待疏證者，有應駁證者，皆列案前。
若其說本明，即順文引入案中，以作斷語，不復列其說於前，爲省文也。」
〔註90〕可見黃以周編撰《禮書通故》乃融貫各家對於禮學方面之詮釋，最後
加上自己之案語來說明，其研究方法與資料運用方面，雖有些不愜人意之處，
我們不能因此而忽視其學術成就。〔註91〕諸如上述之例頗多，限於篇幅，無
法一一列舉。

五、闡述禮義，文字互見

　　宋蘇洵（1009～1066年）云：「遷之傳廉頗也，議救閼與之失不載焉，見
之〈趙奢傳〉；傳酈食其也，謀撓楚權之繆不載焉，見之〈留侯傳〉。……是
故本傳晦之，而他傳發之，則其與善也，不亦隱而章乎？」〔註92〕其中「本
傳晦之，而他傳發之」，是將同一事件，在本傳略述，而在他傳詳述，以避免
繁複疊見，此即司馬遷撰寫《史記》所使用之互見法，對後代學術著作之筆
法與結構，有深遠之影響。黃以周著《禮書通故》一書，詳論古代禮制，由
於全書分類繁多，在徵引古籍文獻上，會有重複之現象，因此，黃以周採用

〔註86〕同注77，頁1192～1193。
〔註87〕同上注。
〔註88〕〔魏〕何晏集解，〔宋〕邢昺疏：〈先進〉，《論語注疏》，卷11，頁100。
〔註89〕〔漢〕鄭玄注，〔唐〕孔穎達：〈樂記〉：「端，玄衣也。古樂，先王之正樂也。」
　　　　見《禮記正義》，卷38，頁686。
〔註90〕〔清〕黃以周撰、王文錦點校：《禮書通故》，頁17。
〔註91〕同上注：〈點校前言〉，頁5。
〔註92〕〔宋〕蘇洵：《嘉祐集・史論下》（臺北：臺灣商務印書館，大本原式精印《四
　　　　部叢刊正編》，第49冊，1979年），卷8，頁29。

《史記》之互見法，來條述古禮古制。茲舉〈昏禮通故〉三例，說明如下：

（一）〈昏禮通故〉第 10 條

鄭玄云：「授於楹間，南面，並授也。」

賈公彥云：「經云『南面』，不辨賓主，故知並授。」〔註 93〕

以周案：

經言授，明就賓立文，何得云「不辨賓主」？《記》言「鄉與客並然後受」，自是通行之禮，何得云「禮無並授受法」？說詳〈相見禮門〉。〔註 94〕

（二）〈昏禮通故〉第 14 條

張爾岐云：「主人拂几授校，賓主不敵故也。」

褚寅亮說：「授几之法，主執兩端授，則賓執中間受：主執中間授，則賓執兩端受。此則以校授賓，異于常禮。」〔註 95〕

以周案：

聘禮亦賓主不敵，不云授校，張說固非，校爲几足，足在几之兩端，執校以授，即執兩端授，褚說亦非。說詳〈相見名物門〉。〔註 96〕

案黃以周引《儀禮·士昏禮》「婚禮中賓以雁授主人於楹間」之事宜〔註 97〕，於以周案語中云：「說詳〈相見禮門〉」〔註 98〕第 14 條，引《儀禮·士昏禮》「主人拂几，授校，拜送。」〔註 99〕之禮儀，於案語中云：「說詳〈名物門〉」〔註 100〕。此種略於此，詳於彼之「互見」筆法，在《禮書通故》一書中頗多

〔註 93〕同注 90，頁 248。

〔註 94〕同上注。

〔註 95〕同上注，頁 250。

〔註 96〕〔清〕黃以周撰、王文錦點校：《禮書通故》，頁 250。

〔註 97〕〔漢〕鄭玄注、〔唐〕賈公彥疏：〈士昏禮〉：「釋曰：楹閒，謂兩楹之閒，賓以雁授主人於楹閒者，明和合親好，令其賓主遠近節同也。凡賓主敵者，授於楹閒。不敵者，不於楹閒。是以〈聘禮〉賓覿大夫云『受幣於楹閒南面』，鄭註云：『受幣楹閒，敵也。』……云『南面，並授也』者，以經云南面不辨賓主，故知俱南面並授也。」見《儀禮注疏》，卷 4，頁 40。

〔註 98〕同注 96，〈相見禮通故第六〉：「第 28 條、鄭玄云：『凡授受者，授由其右，受由其左。于堂上則俱南面。禮敵者並受』」，頁 978。

〔註 99〕〈士昏禮〉：「主人拂几，授校，拜送。賓以幾辟，北面設於坐，左之，西階上答拜。鄭玄注：『拂，拭也。拭几者，尊賓，新之也。校，几足。辟，逡巡。古文校爲枝。』」見《儀禮注疏》，卷 4，頁 41。

〔註 100〕同注 96，〈名物通故〉：「第 86 條、鄭玄云：『校，几足。古文校爲枝。』」，頁

實例。

（三）〈昏禮通故〉第36條

「設對醬于東」，鄭玄云：「對醬，婦醬也，設之當特俎。」〔註101〕
以周案：

> 對醬當與夫醬相對。夫醬當席端，婦醬亦于席端對設。……詳見後
> 圖。〔註102〕

引《儀禮‧士昏禮》釋云：「釋曰：『婿東面設醬，在南爲右，婦西面，則醬
在北爲右，皆以右手取之爲便，故知設之當特俎東也。』」〔註103〕爲使讀者理
解此種對席禮儀，於以周案語中云「詳見後圖」，可參見〈禮節圖一〉：「鄭注
對席饌式」、「新定對席式」〔註104〕。在《禮書通故》一書中，黃以周在文字
敘述上，用「互見」筆法，並以圖表相互佐證，以免後學望文生義。

第三節　《禮書通故》詮釋方法

黃以周〈示諸生書〉說明撰述《禮書通故》之取向云：「凥著《禮書通故》，
志在發明經意，而舊說之得失，不加詳辨，時存有餘不敢盡之意。」〔註105〕
可見其詮釋禮學之方法，著重經意之發明，而非舊說之辨正。茲敘述《禮書
通故》詮釋禮學之方法，如下：

一、訓詁文義，實事求是

黃以周平素治學，亦遠承戴震由字通經之訓。並指出：「訓詁不明，有害
禮意。」〔註106〕清儒治經所以超越前儒，在以聲音訓詁銓解經文。〈六書通故〉
第13條云：

> 鄭注參用今古文，無非取其當文易曉而已，古文多假借，今文每以
> 正字易之，正字易曉，故注從今文；其經典相承之假借亦易曉者，
> 故注兼從古文。視示分正俗，視字正易曉，登升皆假借，升行久，

　　　1927～1928。
〔註101〕同注96，頁259。
〔註102〕同上注。
〔註103〕〔漢〕鄭玄注、〔唐〕賈公彥疏：《儀禮注疏‧士昏禮》，卷5，頁51。
〔註104〕同注96，頁2102～2103。
〔註105〕〔清〕黃以周：《儆季文鈔》，卷4，頁14～15。
〔註106〕〔清〕黃以周撰、王文錦點校：《禮書通故》，頁437。

亦易曉故也。近之治漢學者。字不分正借，動以難曉字易之，此大
惑矣。〔註107〕

鄭玄注經兼采今古文經學，主要在於取其當文易曉，而非故弄玄虛。古文多
假借，因此注經時以今文正字解析；注解經典相承之假借，易懂者，注解時
兼採古文。賈公彥指出：「鄭注《禮》之時，以今古二字並之……《儀禮》在
內，或從今，或從古，皆逐義強者從之。若二字俱合義者，則互挽見之。」
〔註108〕鄭玄遍注群經，不拘家法，雖以古文經爲本，但兼採今文家長處，結
果調和了今古文經之爭。黃以周贊同鄭玄博通今古文經的治學態度，遭到清
末反對鄭玄混淆家法的經學家的批評。在治學方面，黃以周提出要以訓詁闡
發儒家思想云：

> 欲求孔聖之微言大義，必先通經，經義難明，必求諸訓詁聲音，
> 而後古人之語言文字，乃能瞭然於心目，不先博文，能治經乎？
> 〔註109〕

要理解孔聖之微言大義，必須從通曉經義開始，其次以聲音訓詁詮釋經文，
如此循序漸進，才能融會貫通經文之大義。唐代孔穎達於〈周南關雎訓詁傳〉
云：「然則詁訓者，通古今之異辭，辨物之形貌，則解釋之義盡歸於此。」
〔註110〕可見，訓詁就是解釋疏通古代的語言，來辨正音讀，解釋名物、典制
等等。黃以周於〈說文解字補說序〉云：

> 古聖既往，道載於文。六經之外，無所謂道，六書之外，無所謂
> 文。故欲譚道者先通經，欲通經者先識字。以周夙承庭訓，治經有
> 年。〔註111〕

黃以周運用傳統的六書，去分析古文字的結構。此種理論一直受到眾多學者
的高度重視和評價。於〈周易故訓訂自序〉〔註112〕又云：

> 學者必廣搜古注，互證得失，務求其是。若夫舍古求是，詎有獨
> 是，多見其不自量也。雖然學必求古，而古亦未必其盡是矣。古人

〔註107〕同上注，頁 1698～1699。

〔註108〕〔漢〕鄭玄注〔唐〕賈公彥疏：《儀禮注疏・士冠禮》，卷2，頁5。

〔註109〕〔清〕黃以周：《儆季文鈔》，卷6，頁23。

〔註110〕〔唐〕孔穎達：《毛詩正義・周南關雎訓詁傳》，卷1，頁11。

〔註111〕〔清〕黃以周撰：《儆季文鈔》，卷2，頁19。

〔註112〕唐文治：〈著作概略〉，《茹經堂文集》：「晚年又輯成《周易故訓訂》一書。」，
　　　　卷2，頁133。

《易》注充棟，多至千百家，即周之所旁搜而得見者，亦不下四百餘家。……願學者擇是而從，勿矯異，勿阿同，斯爲善求古、善求是也已。〔註113〕

黃以周爲學主張博覽群籍，廣搜古注，辨正得失，疏通義理，擇是而從，不泥古，亦即以實事求是爲治學之宗旨。《禮書通故》之編撰，雖以訓詁小學爲根柢，但黃以周兼采漢、宋，不拘守章句小學，因而能夠創通大義。茲舉二例說明如下：

（一）〈六書通故〉第40條

鄭玄云：「『弓矢之新沽功』，示不用。今文沽作古。」〔註114〕

以周案：

此亦今古文之異義者。新古猶言新舊。舊其廢，新其未調者。鄭申古文謂粗惡，猶《周官》之用苦，《毛詩》之用鹽，皆假借字。胡氏據古文義，定今文爲省借，亦非。〔註115〕

案：黃以周引《儀禮・既夕禮》鄭玄注解「弓矢之新沽功。」此段文字論死者用弓矢器粗惡之事，鄭玄曰：「設之宜新，沽示不用。今文沽作古。」〔註116〕說，指出此爲「今古文之異義」，並指出胡承珙《毛詩後箋》「據古文義定今文爲省借」的說法，是不正確的。可見黃以周治經，雖以故訓爲宗，卻非完全採信，而是以實事求是之態度，來解說群經文義。

（二）〈六書通故〉第71條

「郊祀」故書祀或作禩。杜子春讀禩爲祀，書亦或爲祀。〔註117〕

以周案：

故書祀作禩，「或」字衍。杜氏經依故書，注從書或。云「書亦或作祀」，是書或不作「禩」，作「禩」者，故書也。〈大宗伯〉及〈小子〉「五祀」注云：「故書『祀』作『禩』，司農云禩讀爲祀，書亦或爲

〔註113〕同上注，頁134～135。
〔註114〕〔清〕黃以周撰、王文錦點校：《禮書通故》，頁1711。
〔註115〕同上注。
〔註116〕〔漢〕鄭玄注〔唐〕賈公彥疏：〈既夕禮〉：「釋曰：自此盡篇末，論死者用器弓矢粗惡之事。以其正經直云『用器弓矢』，不辨弓矢善惡，及弓矢之名，故記人明之。『設之宜新』者，爲死者宜用新物。云『沽示不用』者，沽謂粗爲之。」見《儀禮注疏》，卷41，頁487。
〔註117〕〔清〕黃以周撰、王文錦點校：《禮書通故》，頁1722。

祀」可證。〔註118〕

案：黃以周引《周禮·春官宗伯》杜子春注解「讀禩爲祀，書亦或爲祀」
〔註119〕此段文字論「祀」、「禩」之用法。在案語中，解析「或」字爲衍文，
並舉杜子春、鄭司農之說，強調依據故書「祀」或作「禩」。

（三）〈燕饗禮通故〉第39條

> 段玉裁云：「《周禮》用字之例，凡祭享用享字，凡燕饗用饗字。如
> 〈大宗伯〉吉禮下六言『享先生』，嘉禮下言『以饗燕之禮親四方賓
> 客』，其明證也。《禮經》十七篇用字之例，〈聘禮〉內臣享君字作
> 『享』，〈士虞禮〉、〈少牢禮〉『尙饗』字作『饗』。《小戴記》用字之
> 例，凡祭享、饗燕，字皆作『饗』，無作『享』者。《左傳》則皆作
> 『享』，無作『饗』者。《毛詩》之例，則獻於神曰享，神食其所享
> 曰饗。」〔註120〕

以周案：

> 段釋諸經用字之例，其說詳矣，而不及《禮經》饗燕字。考《禮經》
> 之例，凡饗食人、饗食神與神來饗皆作「饗」，惟「朝享」字作「享」，
> 訓爲獻。且朝享字作「享」，《尙書》、《毛詩》、《周官》、《左傳》、《論
> 語》皆同，亦不獨聘禮爲然。《左傳》燕饗字亦作「饗」。〔註121〕

案：黃以周引段玉裁《說文解字注》注解「享」、「饗」二字之用法，並舉「《周
禮·大宗伯》、《儀禮·士虞禮》、《儀禮·少牢禮》、《小戴記》、《左傳》、《毛
詩》用字之例，〔註122〕說明《周禮》用字之例，凡祭享用享字，凡燕饗用饗
字。於案語中更引《儀禮·覲禮》〔註123〕來區分「凡饗食人、饗食神與神來
饗皆作「饗」，惟「朝享」字作「享」，訓爲獻。」之用法，足證黃以周訓詁
古籍文字，實事求是之用心。

〔註118〕同上注。
〔註119〕〔漢〕鄭玄注、〔唐〕賈公彥疏：〈春官宗伯〉：「故書「祀」作「禩」，……杜
子春讀禩爲祀。《說文》云：『祀或從異作禩』鄭司農云：「禩當爲祀，書亦或
作祀。五祀，五色之帝於王者宮中，曰五祀。……」玄謂此五祀者，五官之
神在四郊，四時迎五行之氣於四郊，而祭五德之帝，亦食此神焉。」見《周
禮注疏》，卷18，頁272。
〔註120〕同注117，頁1065。
〔註121〕同上注。
〔註122〕〔清〕段玉裁：《說文解字注》：「亯，獻也。下進上之詞也。」，頁231。
〔註123〕〔漢〕鄭玄注〔唐〕賈公彥疏：〈覲禮〉，《儀禮注疏》，卷27，頁327～328。

二、深究群經，會通衆說

《禮書通故》既然是會通諸禮經之作，因此辨彰各篇眞僞，成爲其書一重要課題。茲舉例說明如下：

（一）〈昏禮通故〉第 59 條

《白虎通義》云：「不取同姓者，重人倫，防淫佚，恥與禽獸同也。外屬小功已上，亦不得取，以《春秋傳》譏取母黨。」《異義》云：「今《春秋公羊》說，魯昭公取於吳，爲同姓也，謂之吳孟子。《左氏》說，孟子，非小君也，不成其喪，不當譏。謹案：《易》曰『同人於宗，吝』，言同姓相取吝道也。即犯誅絕之罪，言五屬之內禽獸行，乃當絕。」〔註124〕

以周案：

《左氏》說非小君不譏，固非；許說五屬之內當絕，據古禮言，亦未是。《記》言「雖百世而婚姻不通者，周道然也」，則夏殷自有異。《太平御覽》引《禮外傳》云：「夏殷五世之後則通婚姻，周公制禮，百世不通。」但昭公周人，何得援古禮以爲之解。〈坊記〉曰：「《魯春秋》猶去夫人之姓曰吳，其死曰孟子卒。」謂去姓及吳也。曰與聿越字通，曰之言及也。《春秋》去夫人之姓及吳國之號，於其死也，書之曰孟子卒，今《春秋》是也。《論語》曰「謂之吳孟子」，國人稱謂之，不肯沒其實爾。或說昭公自諱謂之吳孟子，非。或說《坊記》所言，是未修《春秋》，尤誤。中表不可爲昏，袁準《正論》言之。至唐，并議外屬無服，尊卑亦不爲昏。然《左》、《公》、《穀》三傳皆無譏取母黨之文，今律不禁姑之子、舅之子爲昏。〔註125〕

又案：

古人姓與氏分，取妻不取同姓，不論氏。其有氏同而同姓異者，可以爲昏。若齊之欒氏姓姜，晉之欒氏姓姬，衛之孫氏姓姬，齊之孫氏則出自長孫修之後是也。其有姓同而氏異者，不可爲昏。若齊之崔與東郭，不同氏而同姓姜，崔子欲娶於東郭偃，而偃以君出自丁、臣出自桓爲妨是也。〔註126〕

〔註124〕〔清〕黃以周撰、王文錦點校：《禮書通故》，頁 267。
〔註125〕同上注，頁 268。
〔註126〕同上注，頁 268。

案：黃以周引《白虎通義》、《異義》、《春秋公羊傳》、《春秋公羊傳》、《易》等書，論述「不取同姓者，重人倫，防淫佚，恥與禽獸同也」之道理。於案語中，引《太平御覽》、《禮記》、《春秋》、《論語》等書之說法，駁斥《白虎通義》云「外屬小功已上，亦不得取，以《春秋傳》譏取母黨」之說有誤，因《左傳》、《公羊傳》、《穀梁傳》三傳皆無「譏取母黨」之文。〈昏禮通故〉第 59 條，黃以周會通眾說，論述古代娶妻「不娶同姓者，重人倫」的旨意何在。可見黃以周學識之廣博，撰述《禮書通故》之用心。

（二）〈學校禮通故〉第 18 條

> 許慎云：「泮宮，諸侯鄉射之官也。西南爲水，東北爲墻。」鄭玄云：
> 「泮之言半也，蓋東西門以南通水，北無也。」〔註127〕

以周案：

> 許、鄭異義。據《水經注》云：「靈光殿之東南即泮宮也。宮中有臺，臺南水，東西一百步，南北六十步；臺西水，南北四百步，東西六十步，《詩》所謂『思樂泮水』。」此與許西南爲水之說合也。《白虎通義》云：「泮宮者，半於天子宮也。半者，象璜也。獨南面禮儀之方有水，其餘雍之以垣。」《御覽》引《禮統》云：「泮宮，半有水，半有宮。」此與鄭東西門以南有水之說合也。但《水經注》所云泮水，本名雩水，因其與泮宮近，故後人謂之泮水，非即魯學宮之泮水。蔡邕說辟雍之水廣二十四丈，四周於外。魯泮宮之水，必無如《水經注》所言之廣。且泮宮之水，必非西南二水不相通。戴埴、楊慎輩因此遂疑泮宮非學名，則更謬矣。竊謂天子宮縣四面縣，諸侯軒縣去南面，天子周城四面城，諸侯軒城郭南面，則諸侯泮宮亦似南面無水。《類聚》三十八、《初學記》十*〔註128〕三引劉向《五經通義》云：「諸侯不得觀四方，故缺東以南，半天子之學。」其說勝於許、鄭，可從也。（《通典》五十三引《五經通義》：「泮宮，水雍其半，東西門以南，以南通水，北無水」。此從鄭說」，云《通義》，字誤。）泮之言半，鄭《詩箋》是。《記》注云「頖之言班」，此語未瞭。頖即泮字。〈王制〉「天子命之教，然後爲學」，學謂泮宮。諸

〔註127〕同上注，頁 1341。

〔註128〕喬秀岩：《禮書通故覆校記》：「第 18 條（二）東西門以南：原脫『以南』，據《通典》卷五十三補。」，頁 2739。

侯自有學，惟泮宮命之而後立。諸侯泮宮有三學，中泮宮，東東序，西瞽宗。魯得兼備四代之學，北又有上庠，獨闕南面一學，且無水，以避天子，故謂之泮宮。〔註129〕

案：黃以周引許慎《五經異義》與鄭玄論述「泮宮」名稱之由來。於案語中，引《水經注》、《詩經》、《白虎通義》、《太平御覽》、《藝文類聚》、《通典》、等書之說法，並指出鄭《詩箋》所謂「思樂泮水」〔註130〕是正確的。又引《禮記·王制》：「天子命之教，然後爲學，小學在公宮南之左，大學在郊。天子曰辟雍，諸侯曰頖宮。」〔註131〕說明「泮宮」爲古代學宮之原由。〈學校禮通故〉第18條，黃以周會通諸經，來詮釋「泮宮」之由來與作用，可見其實事求是之用心。

(三)〈樂律通故〉第5條

鄭玄云：「簫韶，舜所制樂也。樂備作謂之成，成猶終也。每曲一終，必變更奏。若樂九變，人鬼可得而禮，故致鳳皇來儀。」〔註132〕

以周案：

簫之言箾。《說文·竹部》：「箾，从竹削聲，舜樂曰箾韶，所角切，又音簫。」《左傳》季札觀樂，「見舞韶箾者」，注云「舜樂」，疏云：「箾，簫也。《尚書》『簫韶九成』，彼韶箾即此簫韶也。」《白虎通義》：「《禮記》云舜樂曰簫韶。」《僞傳》云「言簫見細器備」，曲說也。賈、服注《左傳》「象箾」云：「箾言天下樂削去無道。」《說文》云「箾，以竿擊人也」。〈箾〉，武舞。〈韶〉，文舞。曰「箾韶」者，先武後文，亦不獨周制然也。舞干羽於兩階，亦先武後文矣。《左傳》言「六府*〔註133〕三事九功之德皆可歌，謂之九歌」。既有九歌，乃有九成。鄭引〈大司樂〉九變之文，明此爲降神之樂也。其注〈大司樂〉「大合樂」，又引此並及下節，其謂夔之擊石拊石，爲正祭之合樂與。樂至合樂最難諧，故夔自擊大小磬，以率

〔註129〕〔清〕黃以周撰、王文錦點校：《禮書通故》，頁1341～1342。
〔註130〕〔漢〕毛亨傳、〔漢〕鄭玄箋〔唐〕孔穎達疏：〈魯頌·泮水〉，《毛詩正義》，卷20，頁767。
〔註131〕〔漢〕鄭玄注，〔唐〕孔穎達：〈王制〉，《禮記正義》，卷12，頁236。
〔註132〕同注129，頁1768。
〔註133〕喬秀岩：《樂律通故覆校記》：「第5條（一）六府三事：「三」原訛「之」，據〈大司樂〉注先鄭引《左傳》文改。」，頁2750。

庶尹焉。〔註134〕

案：黃以周引《左傳》論「簫韶，舜所制樂也」、「季札觀樂，見舞韶箾者」一事〔註135〕，並引《說文》、《尚書》、《白虎通義》，及《周禮》「鄭引《書》『《簫韶》九成』爲證也。又引《燕禮》者，欲見彼諸侯燕禮，大師告於樂正，樂正告於賓與君；此天子祭禮，亦大師於樂成之時，則大師告樂師，樂師乃告王。」〔註136〕來說明「簫韶九成」之義涵。由上述，可見黃以周編撰《禮書通故》會通群經之用心，讓讀者能理解古禮古制之由來。

三、引述典籍，辨彰眞僞

黃以周於〈經訓比義敘〉云：「儒說之是非，以經質之；經義難明，以經之故訓核之……經以類纂，如絲之綸，則同異別，是非明，所謂判慚疑、枝邪離、遁窮之情形畢著矣。爰采經典，使知族類、行比義焉。」〔註137〕說明經學家對於經文與師說，應辨明是非同異，不可以囫圇吞棗。於〈禮書通故敘〉又云：「按文究例，經生之功；實事求是，通儒之學。」〔註138〕《禮書通故》既然是會通漢、唐以來諸禮經之作，因此，必須以實事求是之客觀態度，去剖析各家辨彰之眞僞，並提出己見，以證成其說言之有理。茲舉二例說明如下：

（一）〈禮書通故〉第17條

鄭玄云：「唐、虞有三禮，至周分爲五。」〔註139〕

以周案：

〈堯典〉三禮，以天地人言，其實唐虞已分五禮。《書》曰：「天敘有典，敕我五典五惇哉！天秩有禮，自我五禮有庸哉！」「類帝假祖」，吉禮也。「如喪考妣」，「遏密八音」，凶禮也。「五載一巡，群后四朝」，賓禮也。「分背三苗」，「鰲降嬪虞」，軍、嘉體也。夫禮秩自天出，於性之烏可已。雁有行列，蜂知君臣，鳥獸昆蟲，不教而成，人之有禮，豈非性哉？《記》曰：「禮本于大一，分而爲天地，

〔註134〕同注129，頁1768。
〔註135〕〔晉〕杜預注、〔唐〕孔穎達等正義：《左傳正義》，卷39，頁671～672。
〔註136〕〔漢〕鄭玄注、〔唐〕賈公彥疏：《春官宗伯》，《周禮注疏》，卷23，頁351。
〔註137〕〔清〕黃以周撰：《儆季文鈔》，卷2，頁7。
〔註138〕同上注，頁5。
〔註139〕〔清〕黃以周撰、王文錦點校：《禮書通故》，頁20。

轉而爲陰陽，其降曰命，其官於天也。」降謂賦畀，官謂職掌。《傳》
曰：「民受天地之中以生，以定命也。」所謂「其降曰命」也。又曰
「是以有動作禮義威儀之則，能者養之以福，不能者敗以取禍」，所
謂「其官于天也」。禮官于天，故曰「天秩有禮」，二帝三王無異教
也。荀子外禮以言性，不知性者也。老子離道德以言性，不知禮者
也。〔註140〕

案：黃以周引《尚書・皋陶謨》：「天敘有典，敕我五典五惇哉！天秩有禮，
自我五禮有庸哉。」〔註141〕《尚書正義》云「『類于上帝』，吉禮也；『如喪考
妣』，凶禮也；『群后四朝』，賓禮也」〔註142〕；引《禮記・禮運》：「是故夫
禮，必本於大一，分而爲天地，轉而爲陰陽。變而爲四時，列而爲鬼神，其
降曰命，其官於天也。」〔註143〕；引《左傳・成十三年》云：「民受天地之中
以生，所謂命也，是以有動作禮義威儀之則，以定命也」〔註144〕綜合上述，
可見黃以周引述先秦典籍，指摘鄭注「唐、虞有三禮」不正確，並引述《尚
書》之說，來證明其實唐、虞已出現五禮。

（二）〈肆獻祼饋食禮通故〉第 60 條

「凡六樂者，一變而致羽物及川澤之示」云云。鄭玄云：「變，更
也。樂成則更奏也。此謂大蜡索鬼神而致百物，六奏樂而禮畢。」
〔註145〕

以周案：

先大合樂以下神，乃分樂以序正祭，此爲祭享祀之通例也，故上文
類敘之。而三大祭之作動物，有一變至六變之別，三大祭之天神降，

〔註140〕同上注，頁 20～21。
〔註141〕〔唐〕孔穎達疏：〈皋陶謨〉，《尚書正義》，卷 4，頁 63。
〔註142〕〈舜典〉：「《周禮・大宗伯》云：『以吉禮事邦國之鬼神示，以凶禮哀邦國之
憂，以賓禮親邦國，以軍禮同邦國，以嘉禮親萬民之昏姻。』知『五禮』謂
此也。帝王之名既異，古今之禮或殊，而以周之五禮爲此『五禮』者，以帝
王相承，事有損益，后代之禮亦當是前代禮也。」見《尚書正義》，卷 3，頁
39。
〔註143〕〔漢〕鄭玄注，〔唐〕孔穎達疏：〈禮運〉：「正義曰：「此一節論上言禮既藏於
郊社天地之中，是故制禮必本於天以爲教也。必本於大一者，謂天地未分，混
沌之元氣也。極大曰天，未分曰一，其氣既極大而未分，故曰大一也。……言
聖人所以下爲教命者，皆是取法於天也。」見《禮記正義》，卷 22，頁 438。
〔註144〕〔晉〕杜預注〔唐〕孔穎達等正義：《左傳正義》，卷 27，頁 460。
〔註145〕〔清〕黃以周撰、王文錦點校：《禮書通故》，頁 792。

地示出，又有六變、八變、九變之異，故此又別敘之。一變至六變
皆曰致物，一變至五變又曰致示，六變又曰致神，上文所謂「大合
樂以致鬼神示」、「以作動物」是也。而此節意主作動物而言，故「致
物」文在「神示」之上。其兼言神示者，欲以明上文大合樂之致鬼
神示亦有此諸變也。此節以六變終，下節以六變始，又以明作動物
之樂即奏于三大祭中也。鄭意作動物別有樂，必別有祭，而《經》
無見文，故以蜡實之，而蜡爲小祭，又嫌不得兼奏六樂，故曰「六
奏樂而禮畢」以明別無正祭，以圓其說，非也。〔註146〕

案：黃以周引《周禮‧春官宗伯下‧大司樂》記載大蜡索鬼神而致百物，六
奏樂而禮畢之事宜〔註147〕；引「凡樂，黃鍾爲宮，大呂爲角，大蔟爲徵，應
鍾爲羽，路鼓路鼗，陰竹之管，龍門之琴瑟，〈九德〉之歌，九磬之舞，於宗
廟之中奏之，若樂九變，則人鬼可得而禮矣。此三者，皆禘大祭也。」〔註148〕
論述古代祭祀奏樂之禮儀；又節引「若樂六變，則天神皆降。此經亦六變致
天神，故云六奏樂而禮畢也。」說明三大祭之天神降，地示出，又有六變、
八變、九變之異。〔註149〕並指摘鄭意「作動物別有樂，必別有祭，而《經》
無見文，故以蜡實之」爲訛誤之說。

（三）〈羣祀禮通故〉第9條

鄭眾云：「四望，日、月、星、海。」鄭玄云：「四望、五嶽、四鎮、

〔註146〕同上注。

〔註147〕〔漢〕鄭玄注、〔唐〕賈公彥疏：〈春官宗伯下‧大司樂〉：「〈郊特牲〉云：『蜡
也者，索也，歲十二月，合聚百物而索饗之也。』鄭云：『歲十二月，周之正
數，謂建亥之月也。五穀成於神，有功，故報祭之。鄭必知此據蜡祭者，此
經總祭百神，與蜡祭合聚萬物之神同，故知蜡也。』」見《周禮注疏》，卷22，
頁341。

〔註148〕〈春官宗伯下‧大司樂〉：「凡樂，鍾爲宮，大蔟爲角，姑洗爲徵，南呂爲羽，
靈鼓靈鼗，孫竹之管，空桑之琴瑟，《咸池》之舞，夏日至，於澤中之方丘奏
之，若樂八變，則地示皆出，可得而禮矣。」見《周禮注疏》，卷22，頁341
～342。

〔註149〕〈春官宗伯下‧大司樂〉：「言六變、八變、九變者，謂在天地及廟庭而立四
表，舞人從南表向第二表爲一成，一成則一變。從第二至第三爲二成，從第
三至北頭第四表爲三成。舞人各轉身南向於北表之北，還從第一至第二爲四
成，從第二至第三爲五成，從第三至南頭第一表爲六成，則天神皆降。若八
變者，更從南頭北向第二爲七成，又從第二至第三爲八成，地祇皆出。若九
變者，又從第三至北頭第一爲九變，人鬼可得禮焉。」見《周禮注疏》，卷
22，頁341～342。

四瀆。魯三望，淮、海、岱。」賈逵、服虔、許慎、杜預等說，魯
三望，祭分野星及國中山川。〔註150〕

以周案：

> 諸經言望，無及天神。《書》「望于山川」，《左傳》「江、漢、睢、
> 漳、楚之望」，《爾雅》「梁山，晉望」，《周禮・典瑞》「祀天旅上
> 帝」與「祭地旅四望」對文，則望祀地示，不得有日月星辰天神之
> 屬也。《周禮》祀四望之下每別言山川。〈小宗伯〉「兆五帝於四郊，
> 四望亦如之，兆山川丘陵墳衍各因其方」，是兆不同。〈典瑞〉「兩圭
> 有邸旅四望」，「璋邸射以祀山川」，是玉不同。〈大司樂〉奏姑洗，
> 歌南呂，舞〈大磬〉以祀四望，奏蕤賓，歌函鐘，舞〈大廈〉以祭
> 山川，是樂不同。則四望祭四方嶽瀆之望，不得及餘山川也。從後
> 鄭說。〔註151〕

案：黃以周引《隋書・禮儀志》〔註152〕論述「四望、五嶽、四鎮、四瀆。」
命名之由來。於以周案語，引《書》〔註153〕、《左傳・哀公六年》：「三代命
祀，祭不越望。江、漢、睢、漳，楚之望也。〔註154〕、《爾雅》〔註155〕三
書，詮釋「望」之定義，並引《周禮・冬官・考工記下》說明「祀天旅上
帝」〔註156〕與「祭地旅四望」對文，說明望祀祭天地山川，不包含日月星
辰天神之屬。又引《周禮・冬官・考工記下》〔註157〕、《周禮・春官・小宗
伯》〔註158〕《周禮・春官・宗伯下》：「乃奏姑洗，歌南呂，舞大磬，以祀四

〔註150〕〔清〕黃以周撰、王文錦點校：《禮書通故》，頁680～681。
〔註151〕同上注。
〔註152〕〔唐〕魏徵、令狐德棻撰：〈禮儀志〉，《隋書》，卷7，頁126。
〔註153〕〔唐〕孔穎達疏：〈舜典〉：《尚書》，卷3，頁38。
〔註154〕〔晉〕杜預注、〔唐〕孔穎達等正義：〈哀公六年〉，《左傳正義》，卷57，頁
1007。
〔註155〕〔晉〕郭璞注、〔宋〕邢昺疏：〈釋山〉，《爾雅》：「晉國所望祭者，今在馮翊
夏陽縣西北臨河上。」見《爾雅》，卷11，頁118。
〔註156〕〔漢〕鄭玄注、〔唐〕賈公彥疏：〈冬官・考工記下〉，《周禮注疏》，卷41，
頁631。
〔註157〕〈冬官・考工記下〉：「『兩圭五寸，有邸，以祀地，以旅四望。邸謂之柢。』……
『璋邸射，素功，以祀山川，以致稍餼。』注：『邸射，剡而出也。致稍餼，
造賓客納槁食也。鄭司農云：『素功，無瑑飾也。餼或作氣，杜子春云：當為
餼。』」見《周禮注疏》，卷41，頁634。
〔註158〕〈春官・小宗伯〉：「『兆，為壇之營域』者，案〈封人〉云『社稷之壝』，謂
壝土為之，即此壇之營域，一也。不言壇者，舉外營域有壇可知。」見《周

望。」〔註 159〕來說明天子祭祀天地山川、日月星辰之時，因「兆壇、玉器、奏樂」之不同，而名稱亦有別。由此段引文所述，可見黃以周引述典籍，辨彰真偽之用心。

四、詳考禮制，審核精確

黃以周對《三禮》所敘述之傳統禮制，均有詳實之考證，對禮制之釋例與圖表，均能博采眾說，再以個人之案語，辨識批駁。茲舉例說明如下：

（一）〈相見禮通故〉第 17 條

《周禮》大祝辨九拜。楊雄說，拜从兩手下。〔註 160〕

以周案：

> 拜必下兩手至地，故揖與跪不云拜。今俗語有云「拜揖」，云「跪拜」者，皆非古也。推手曰揖，引手曰厭，斂手曰拱（見《說文》）。拱手當心曰時揖，時揖平衡也。拱手少舉曰天揖，天揖上衡也。拱手少下曰土揖，土揖下衡也。拱手吉尚左，凶尚右。《記》言「男拜尚左手」，又言「孔子有喪，共而尚右」是也。跪與坐相似而不同，反其蹠而坐其上曰坐，反其蹠申臂不坐曰跪。《說文》曰：「跪所以拜也。」〔註 161〕

案：黃以周引《周禮》記載大祝辨九拜之禮儀〔註 162〕，並引《禮記》、《說文》〔註 163〕來分析拜〔註 164〕、揖、厭〔註 165〕之區別。接著逐條分析「九拜」

〔註 159〕　禮注疏》，卷 19，頁 290。
〔漢〕鄭玄注、〔唐〕賈公彥疏：〈春官・宗伯下〉，《周禮注疏》，卷 22，頁 340。
〔註 160〕　〔清〕黃以周撰、王文錦點校：《禮書通故》，頁 971。
〔註 161〕　同上注。
〔註 162〕　〔漢〕鄭玄注、〔唐〕賈公彥疏：〈春官・太祝〉：「辨九拜，一曰稽首，二曰頓首，三曰空首，四曰振動，五曰吉拜，六曰凶拜，七曰奇拜，八曰褒拜，九曰肅拜，以享右祭祀。」見《周禮注疏》，卷 25，頁 387。
〔註 163〕　〔清〕段玉裁：《說文解字注》，頁 81。
〔註 164〕　〔漢〕鄭玄注，〔唐〕孔穎達疏：〈奔喪〉：「此一經論小功以下之喪，既除喪之后而始聞喪之節。逸〈奔喪禮〉曰：『凡拜，吉、喪皆尚左手。』『拜賓則尚左手』者，於時有賓來弔，拜賓之時，尚其左拜，謂左手在尚，從吉拜也。』」見《禮記正義》，卷 56，頁 945。
〔註 165〕　〔漢〕鄭玄注〔唐〕賈公彥疏：〈鄉飲酒〉：「主人揖眾賓，賓厭介，介厭眾賓，入，眾賓皆入門左，北上。鄭玄注云：『推手曰揖，引手為厭。』」（賓、介，處士賢者。），見《儀禮注疏》，卷 8，頁 82。

之禮儀。

（二）〈相見禮通故〉第 18 條

> 一曰稽首。鄭玄云：「稽首，拜頭至地也。」賈公彥云：「稽首，稽
> 留之稽，頭至地多時則爲稽首也。稽首，拜中最重，臣拜君之拜。」
> 〔註166〕

以周案：

> 頭至地則下衡，故荀子云「下衡曰稽首」。經傳中有單言「稽首」，
> 多與「拜手稽首」別。稽首不必拜手，故爲九拜之一也。拜手稽首
> 屬吉拜禮。自注疏混吉拜于稽首、頓首中，則吉拜之例不明，而稽
> 首、頓首已兼空首，則三拜亦不分矣。古人常用空首禮，稽首之禮
> 甚重，大夫之臣且不敢稽首其大夫，況乎敵者乎？〔註167〕

案：黃以周引《周禮・春官・大祝》所記何謂「稽首」，賈公彥指出「稽首」
是九拜中最重者，是人臣拜君之拜。在以周案語中，引《荀子》「下衡曰稽
首」〔註168〕之說，說明「稽首」不必拜手，屬於吉拜禮。〔註169〕

（三）〈相見禮通故〉第 19 條

> 二曰頓首。鄭玄云：「拜頭叩地也。」賈公彥云：「首頓地即舉，故
> 名頓首。」〔註170〕

以周案：

> 頓首與稽顙同爲以頭擊地，但分吉凶言之爾。鄭注此云頓首頭叩地，
> 又注〈士喪禮〉「稽顙」云「頭觸地」，叩地、觸地一義也。頓首稱
> 于吉，畏之至也。稽顙稱于凶，哀之至也。鄭注「吉拜」云「拜而
> 後稽顙，其拜與頓首相近」，則頓首、稽顙同義，特分吉凶言之審矣。
> 〈檀弓〉云「稽顙而不拜」，則頓首容有不拜手者，此所以爲九拜之

〔註166〕〔清〕黃以周撰、王文錦點校：《禮書通故》，頁 971。
〔註167〕同上注。
〔註168〕〔清〕王先謙：《荀子集解・大略》：「平衡曰拜，下衡曰稽首，至地曰稽顙。
　　　　大夫之臣，拜不稽首，非尊家臣也，所以辟君也。」（臺北：藝文印書館，1973
　　　　年），卷19，頁781。
〔註169〕〔漢〕鄭玄注、〔唐〕賈公彥疏：〈春官・太祝〉：「吉拜，拜而后稽顙，謂齊
　　　　衰不杖以下者。言吉者，此殷之凶拜，周以其拜與頓首相通，故謂之吉拜云。
　　　　凶拜，稽顙而后拜，謂三年服者。」見《周禮注疏》，卷25，頁387。
〔註170〕同注167，頁972。

一也。孔、賈二疏重稽首,輕頓首,遂謂平敵自相拜用頓首。考之
《禮經》、《禮記》及《春秋傳》並無平敵用頓首之禮,段氏已駁之
矣。〔註171〕

案:黃以周引《周禮·春官·大祝》所記何謂「頓首」〔註172〕之義。在以周
案語中,引《儀禮·士喪禮》「頭觸地即稽顙」〔註173〕之義,並說明「頓首與
稽顙同爲以頭擊地」,二者意義相同,僅有吉凶拜禮之別。《禮記·檀弓》曰:
『稽顙而后拜,頎乎其致也。』但在以周案語中卻刪改爲「稽顙而不拜」,此
爲值得商榷之處。

(四)〈相見禮通故〉第20條

三曰空首。鄭玄云:「空首,拜頭至手,所謂拜手也。」〔註174〕

以周案:

空首即拜手。諸經傳之單言拜者,即空首拜也。拜字從兩手下,是
跪而俯伏也。凡拜皆跪伏,故渾稱皆曰拜,析言之,拜爲空首之專
稱。空首者,男子之常拜也。拜必跪而拱手,而首俯至手,與心平,
乃下兩手拱至地。鄭注此空首云「拜頭至手,所謂拜手」,又注〈少
儀〉「手拜」云「手至地」,二義兼備。惟其頭至手,與心平,故《周
禮》謂之「空首」,荀子謂之「平衡曰拜」也。惟其兩手下至地,故
《尚書》謂之「拜手」,〈少儀〉謂之「手拜」也。據孔、賈二疏,
拜先以手拱至地,而頭來就手,是頭亦至地矣,非特以《荀子》「平
衡曰拜」相悖,且與稽首之例不分也。〔註175〕

案:黃以周引《周禮·春官·大祝》所記空首之意,是兩手拱地,引頭至手
而不著地,是拜禮中較輕者,並引《說文》〔註176〕、《荀子》、《尚書》、《禮記》
〔註177〕等書之解說,來詮釋「空首即拜手」之意。

〔註171〕同上注。
〔註172〕〔漢〕鄭玄注、〔唐〕賈公彥疏:〈春官·太祝〉,《周禮注疏》,卷25,頁387。
〔註173〕〔漢〕鄭玄注〔唐〕賈公彥疏:〈士喪禮〉,《儀禮注疏》,卷35,頁411。
〔註174〕〔清〕黃以周撰、王文錦點校:《禮書通故》,頁972。
〔註175〕同上注。
〔註176〕〔清〕段玉裁:《說文解字注》:「楊雄說:『拜從兩手下』……凡空首,首至手
而平衡,未嘗下於心也,頓首則下矣。楊蓋兼三拜而製此字。」,頁601。
〔註177〕〔漢〕鄭玄注,〔唐〕孔穎達疏:〈少儀〉:「正義曰:「手拜,手至地」者,解手
拜之義。言手拜之拜,但以手至地,則《周禮》「空首」。案鄭注《周禮》:「空
首,頭拜至手。」此云「手至地」,不同者,此手拜之法,先以手至地,而頭

（五）〈相見禮通故〉第 21 條

四曰振動。杜子春云：「振讀爲振鐸之振，動讀爲哀慟之慟。」鄭大夫云：「動讀爲董。振董，以兩手相擊也。」鄭玄云：「振動，戰栗變動之拜。《書》曰『王動色變』。」〔註 178〕

以周案：

上文稽首、頓首、空首皆吉拜。四曰振動，乃凶拜之稽顙也。振當讀震驚之振，動依杜注讀爲哀慟之慟。稽顙者，震慟之義也。稽顙頭觸地，與頓首叩地相同，故亦謂之頓顙。但頓首頓而即起，稽顙頓而又稽，此稽顙之所以異于頓首、稽首也。〔註 179〕

案：黃以周引《周禮・春官・大祝》〔註 180〕所記稽首、頓首、空首此三拜皆爲吉拜。振動，有震驚哀慟之義，猶如孔子哭顏回「哀慟」之慟，乃凶拜之稽顙，有別於吉拜之稽首、頓首、空首此三拜。

（六）〈相見禮通故〉第 22 條

五曰吉拜。鄭玄云：「吉拜者，拜而后稽顙，謂齊衰不杖以下者。言吉者，此殷之凶拜，以其拜與頓首相近，故謂之吉拜云。」〔註 181〕

以周案：

上文稽首、頓首不手拜，空首則手拜又不下首，斯則既拜手又下首也。其謂之吉者，因凶拜而名之也。凶拜者拜稽顙，則吉拜者拜稽首可知也。其禮，先拱兩手，下據膝前，乃復俯首以至于地。鄭注混吉拜例于稽首、頓首中，故于此乃據〈檀弓〉、〈雜記〉以凶拜之近吉者當之，誤。〔註 182〕

來至手。故兩注不同，其實一也。」見《禮記正義》，卷 35，頁 632。

〔註 178〕〔清〕黃以周撰、王文錦點校：《禮書通故》，頁 974。

〔註 179〕同上注。

〔註 180〕〔漢〕鄭玄注、〔唐〕賈公彥疏：〈春官・太祝〉，《周禮注疏》：「按〈檀弓〉云：『拜而後稽顙，顙乎其順也。稽顙而後拜，頎乎其至也。三年之喪，吾從其至者。』鄭注云：『自期如殷可，言自期，則是齊衰不杖已下，用殷之喪拜，故云此殷之凶拜也。』云『周以其拜與頓首相近，故謂之吉拜』者，言相近者，非謂文相近，是拜體相近。以其先作頓首，後作稽顙，稽顙還依頓首而爲之，是其拜體相近，以其約義，故言『云』以疑之。」見《周禮注疏》，卷 25，頁 387。

〔註 181〕同注 179。

〔註 182〕同注 179。

案：黃以周引《周禮・春官・大祝》所記稽首、頓首、空首此三拜，手拜、不手拜、下首、不下首之區別，並指出〈檀弓〉、〈雜記〉所述「以凶拜之近吉者當之」之說法是錯誤。

（七）〈相見禮通故〉第 23 條

六日凶拜。鄭玄云：「凶拜，稽顙而后拜，謂三年服者。」〔註183〕

以周案：

上文震慟為稽顙而不拜者，斯則拜而后稽顙也。古人吉拜皆先拜而稽首，故經曰「拜稽首」、「拜手稽首」、「再拜稽首」，無言「稽首拜」者。蓋拜先拱手據膝下，而後頭至于地，于事為順也。其先稽首、稽顙而後拜者，惟《孟子》言「子思稽首再拜而不受」，〈檀弓〉引孔子言「稽顙而后拜，頎乎其致」，段氏、凌氏以此為殷禮，夏氏又以為周末禮，要之未合於古經也。鄭注乃據以為吉凶兩拜之例，似有未當。〔註184〕

案：黃以周引《周禮・春官・大祝》〔註185〕所記凶拜之義涵。並說明古人吉拜皆先拜而稽首，凶拜則為稽顙而后拜。並引《孟子》言「子思稽首再拜而不受」〔註186〕、《禮記・檀弓》曰「稽顙而后拜，頎乎其致也」〔註187〕，來指摘鄭注乃據以為吉凶兩拜之例，似有未當。

（八）〈相見禮通故〉第 24 條

七日奇拜。杜子春云：「奇讀為奇耦之奇，謂先屈一膝，今雅拜是

〔註183〕同注179。
〔註184〕同上注，頁 974～975。
〔註185〕〔漢〕鄭玄注、〔唐〕賈公彥疏：〈春官・太祝〉，《周禮注疏》，卷25，頁387。
〔註186〕〔漢〕趙岐注、〔宋〕孫奭疏：〈萬章下〉：「繆公之於子思也，亟問，亟饋鼎肉。子思不悅，於卒也。使者出諸大門之外，北面稽首再拜而不受，曰：『今而後知君之犬馬畜。蓋自是台無饋也。悅賢不能舉，又不能養也，可謂悅賢乎？』」見《孟子注疏》，卷10，頁186。
〔註187〕〔漢〕鄭玄注、〔唐〕賈公彥疏：〈春官・太祝〉：「云『凶拜，稽顙而後拜，謂三年服』者，此〈雜記〉云：『三年之喪，即以喪拜。非三年喪，以其吉拜。』又〈檀弓〉云：『稽顙而後拜，頎乎其至，孔子云：『三年之喪，吾從其至者。』若然，上吉拜，齊衰不杖已下，則齊衰入此凶拜中。鄭不言之者，以〈雜記〉云：『父在為妻，不杖不稽顙。父卒，乃稽顙』，則是適子為妻有不得稽顙時，故略而不言。但適子妻，父為主，故適子父在不稽顙，則眾子為妻，父在亦稽顙。不據眾子常稽顙者，據〈雜記〉成文。」見《周禮注疏》，卷25，頁387。

也。」鄭興云：「奇拜，謂一拜也。」〔註188〕

以周案：

> 奇拜，一拜，鄭說是也。經有明言一拜者，如〈士相見禮〉及〈雜
> 記〉諸篇是也。其或祇云拜而不言再者，皆一拜也。有云拜手稽首
> 者，亦一拜也。再拜則曰再拜稽首。有云拜稽顙者，亦一拜也，再
> 拜則曰再拜顙。〔註189〕

案：黃以周引《周禮・春官・大祝》〔註190〕所記奇拜之義涵。並引《儀禮・
士相見禮》〔註191〕、《禮記・雜記》〔註192〕所述，說明古人奇拜，皆指一拜
之義。

（九）〈相見禮通故〉第25條

> 八曰褒拜。鄭興云：「褒讀爲報，報拜，謂再拜是也。」鄭眾云：「今
> 時持節拜是也。」〔註193〕

以周案：

> 古人行禮，多用一拜，其或再拜以加敬，三拜以示徧，皆爲褒大之
> 拜。段氏云：「褒者，大也，有所多大之辭也。」凡《禮經》及《左
> 傳》或言三拜稽首，或言三拜，或言九頓首，以及婦人之俠拜皆是
> 也。〔註194〕

案：黃以周引《周禮・春官・大祝》〔註195〕所記褒拜之義涵。並說明古人行
禮，多用一拜，加敬才再拜，三拜則爲褒拜。在以周案語中，引段玉裁《說
文解字注》所云：「褒，衣博裾，博裾謂大其褒囊也。」《漢書》：『褒衣大招，
謂大其衣綯之上也，引伸爲凡大之偁爲褒美。」〔註196〕

〔註188〕同注179，頁975。
〔註189〕同上注。
〔註190〕〔漢〕鄭玄注、〔唐〕賈公彥疏：〈春官・太祝〉，《周禮注疏》，卷25，頁387。
〔註191〕〔漢〕鄭玄注〔唐〕賈公彥疏：〈士相見禮〉：「釋曰：『臣拜君云再拜稽首，
　　　　則君答一拜者，當作空首，則九拜中奇拜是也。』云『言君答士大夫一拜則
　　　　於庶人不答』者，案〈曲禮〉『君於士不答拜』，謂己士。此得與大夫同答
　　　　一拜者，士賤，君不答拜。」見《儀禮注疏》，卷3，頁73。
〔註192〕〔漢〕鄭玄注，〔唐〕孔穎達疏：〈雜記上〉，《禮記正義》，卷41，頁729。
〔註193〕同注179，頁975。
〔註194〕同上注。
〔註195〕〔漢〕鄭玄注、〔唐〕賈公彥疏：〈春官・太祝〉，《周禮注疏》，卷25，頁387。
〔註196〕〔清〕段玉裁：《說文解字注》，頁397。

（十）〈相見禮通故〉第 26 條

> 九曰肅拜。鄭眾云：「肅拜，但俯下手，今時擖是也。介者不拜，故曰：『爲事故，敢肅使者』」。〔註197〕

以周案：

> 肅拜之不明，由賈氏疏先鄭注未明。先鄭云「肅拜但俯下手」者，俯謂俛而低首也。鄭注〈少儀〉云「肅拜，拜低頭」，與先鄭合，但俯低頭而下兩手，較空首拜手之禮爲輕也。云「今時擖」者，《說文》曰：「擖，舉首下手也。」漢時之擖，舉首懸空，但下兩手，與古肅拜同。先鄭云「但俯下手」，後鄭云「拜低頭」，與《說文》「舉首下手」之擖，說似不同而實相足。非俯而低頭則與跪同，不足以言拜；非舉首則與稽首、頓首、空首同，亦非肅拜。惟低頭俯而仍舉，乃爲肅拜。肅拜爲婦人之正拜，其首較空首爲略舉，其手亦異空首之下拱地。〔註198〕

案：黃以周轉引《周禮‧春官‧大祝》〔註199〕所記肅拜之義涵。並說明「肅拜但俯低頭而下兩手，較空首拜手之禮爲輕」，漢時之「擖」，舉首懸空，但下兩手，與古肅拜相同。肅拜爲婦人之正拜，其首較空首爲略舉。

綜合上述，可知此九拜之中，「稽首、頓首、空首、振動」四種是正拜，「吉拜、凶拜、奇拜、襃拜、肅拜」五者逐事生名，還依四種正拜而爲之。黃以周引《周禮‧春官‧大祝》所述「九拜」之禮儀，並引經典古籍，來剖析此「九拜」之來龍去脈，讓讀者了解我國古代「吉拜」與「凶拜」之異同。

五、名物制度，圖文相輔

我國古代禮儀制度在發展過程中，許多禮節釋例、禮制繪圖之形成。經過歷代禮學家之傳承，讓古禮古制，不致亡佚。例如、宋代聶崇義有《三禮圖集注》〔註200〕、清代張惠言（1761～1802）有《儀禮圖》〔註201〕、焦循（1763

〔註197〕同注 179，頁 975～976。
〔註198〕同注 179，頁 975～976。
〔註199〕〔漢〕鄭玄注、〔唐〕賈公彥疏：〈春官‧太祝〉，《周禮注疏》，卷 25，頁 387。
〔註200〕〔清〕永瑢、紀昀等：〈三禮圖集注二十卷〉，《四庫全書總目提要》，卷 22，頁 450。
〔註201〕〔清〕張惠言：《儀禮圖》，《皇清經解續編》（臺北：復興書局，1972 年），卷 1，頁 3～4。

～1820）《群經宮室圖》〔註202〕等。當前最早且完整的禮圖便是聶崇義《三禮圖集注》，張惠言《儀禮圖》素爲研讀《儀禮》者所重。《禮書通故》一書詳論古代禮制，對古代各種禮儀制度、宮室結構、服飾功能等皆能探本溯源，內容涵蓋古代禮儀各種名物制度，除經典文字之敘述外，並撰有〈禮節圖〉、〈名物圖〉，附有 740 餘幅圖表，在圖文相輔相成下，使讀者難以明瞭之古代禮儀制度，能夠昭然若揭。茲舉例說明如下：

（一）〈禮節圖表一〉

　　冕服表〔註203〕、弁冠服表〔註204〕、婦服表〔註205〕。

案：上述冕服表包括：大裘冕、衮冕、鷩冕、毳冕、絺冕、玄冕等；弁冠冕包括：爵弁、韋弁、皮弁、冠弁、玄端、深衣等；婦服表包括：褘衣、揄翟、闕翟、鞠衣、展衣、緣衣等。

（二）〈禮節圖表二〉

　　喪服升數表〔註206〕、喪服表〔註207〕、變除表〔註208〕、宗法表〔註209〕、井田表〔註210〕、學校表〔註211〕、六服朝見表〔註212〕。

案：上述喪服升數表包括：斬衰、齊衰、殤大功、緦衰、殤小功、緦麻等；喪服表包括：喪服、降服、正服、義服等；變除表包括：始死、小斂、大殮、葬等；宗法表包括：別子宗法、公子宗法等；井田表包括：夏五十畝、殷七十畝、周百畝、九夫有溝、十夫有溝、成間有洫、同間有澮、成容一甸六十四井等；學校表包括：辟廱、泮宮、國學、大小學、小學、鄉學、鄉學論升國學等；六服朝見表等圖表，以供學者參考古禮之各類圖表，對後學而言實裨益良多。

〔註202〕〔清〕焦循：《群經宮室圖》，《皇清經解續編》，卷 1，頁 36。
〔註203〕〔清〕黃以周撰、王文錦點校：《禮書通故》，頁 2007～2014。
〔註204〕同上注，頁 2015～2025。
〔註205〕同上注，頁 2026～2030。
〔註206〕同上注，頁 2031～2034。
〔註207〕同上注，頁 2035～2052。
〔註208〕同上注，頁 2052～2063。
〔註209〕同上注，頁 2064～2065。
〔註210〕同上注，頁 2066～2075。
〔註211〕同上注，頁 2076～2086。
〔註212〕同上注，頁 2087。

（三）〈禮節圖一〉

禮節有圖，昉于趙彥肅、楊信齋，堂階廡具，榘矱全非。近張皋文圖，較有度數。然室居堂五之一，其地狹隘，何以行禮。西房有北堂，既乖經典之文；堂墉連兩房，亦昧序內之位。碑如洗深，射時何以設楅；閾在廟東，冠時何以見母。門祇一闑，既沿舊誤；塾復有堂，更逞肊見。以宮室之大判言，違失若爾，況小節之出入乎，此禮節圖之所以作也。〔註213〕

案：上述引文，是黃以周引《經學通論》〈論讀《儀禮》重在釋例尤重在繪圖合以分節三者備則不苦其難〉〔註214〕一段文字來說明撰述〈禮節圖〉之由來，並指出禮節有圖使創始於趙彥肅、楊信齋，至清代張惠言所繪圖更加詳密。

（四）〈禮節圖二〉

〈聘〉〈食禮〉經文多詳明，無須圖以顯，故圖較張書為簡。〈覲禮〉質略，必合《周官》、《禮記》之文乃備，故圖較張書為繁。〈食禮〉附〈燕食圖〉，〈覲禮〉附〈日視朝圖〉，皆補經禮之闕。〔註215〕

上述引文，說明〈聘〉、〈食禮〉經文之記載詳時明確。〈食禮〉附〈燕食圖〉，〈覲禮〉附〈日視朝圖〉，可以補經傳禮圖之不足。

（五）〈名物圖一〉

禮器制度，昉于漢叔孫通。鄭、阮《禮圖》，多本其說。後之學者，迭相增改，古意滋失。《博古》、《集古》諸書，大半贋器，又無足憑。今據經記之文，參注疏之言，疑以傳疑，信以傳信，雖曰髣髴，思過半矣。一曰宮室，二曰衣服，三曰玉瑞符節，四曰尊彝鼎俎諸名物，五曰樂器，六曰射器，七曰兵器，八曰車制，九曰喪服喪器。〔註216〕

黃以周引《周禮》所述：「叔孫通作《漢禮器制度》，取法於周。」〔註217〕又

〔註213〕同上注，頁 2088。
〔註214〕〔清〕皮錫瑞著：三、〈三禮：論禮十七篇為孔子所定邵懿辰之說最通訂正〈禮運〉射御之誤當作射鄉尤為精確〉：「楊信齋作《儀禮圖》，厥功甚偉，惜朱子不及見也，《通志堂經解》刻此圖，然其書巨帙不易得，故信齋此圖，罕有稱述者，張皋文（張惠言，原名一鳴，字皋文）所繪圖，更加詳密，盛行于世。」，頁 32。
〔註215〕〔清〕黃以周撰、王文錦點校：《禮書通故》，頁 2158。
〔註216〕同上注，頁 2257。
〔註217〕〔漢〕鄭玄注、〔唐〕賈公彥疏：《周禮注疏‧夏官弁師》，卷 32，頁 482。

引《四庫提要》所述：「四部書目內有《三禮圖》十二卷，是開皇中敕禮部修撰。……則所謂六本者，鄭玄一，阮諶二。」〔註218〕引《通志》所述：「《金石略》則鐘鼎碑碣，核以《博古》、《考古》二圖，《集古》、《金石》二錄，脫略至十之七八。」〔註219〕說明漢禮器制度創始於漢代叔孫通，後代所流傳鄭玄、阮諶之《禮圖》，歷代學者多有增刪，與鄭《注》內容迥異。而《博古》、《考古》二圖，《集古》、《金石》二錄與原典所錄，疑信參半。因此，黃以周將名物圖分爲九類，參酌古籍古禮，重新詮釋，並附加圖表，使研讀此書之學者能深入理解古代禮儀制度。

小　結

《禮書通故》探討的範圍相當廣，時限相當長，舉凡經注史說，諸子雜家，上自秦、漢經師，下逮當代學者，義有分歧，率皆甄錄，然後明辨是非，折衷至當。值得稱道的是，作者研討問題，堅持實事求是，不存門戶之見。比如《三禮》之學，向以鄭玄注爲宗，而此書駁鄭處不下百條，其申鄭處亦復不少。對待歷代數十百家的經師、學者也莫不如此，皆是採擇其精言，發揮其勝解，匡補其不逮，糾正其誤說，或申或駁，大都有根有據。黃氏通過這部巨著，將兩千年來的古代禮制研究成果，做了出色的總結。〔註220〕此誠爲中肯之言。

〔註218〕〔清〕永瑢、紀昀等：〈三禮圖集注二十卷〉：「《宋史》載吏部尚書張昭等奏云：『四部書目內有《三禮圖》十二卷，是開皇中敕禮部修撰。其圖第一、第二題云梁氏，第十後題云鄭氏。今書府有《三禮圖》，亦題梁氏、鄭氏。』則所謂六本者，鄭玄一，阮諶二，夏侯伏朗三，張鎰四，梁正五，開皇所撰六也。然勘驗《鄭志》，玄實未嘗爲圖，殆習鄭氏學者作圖，歸之鄭氏歟？今考書中宮室車服等圖，與鄭《注》多相違異。」《四庫全書總目提要》，卷22，頁450。
〔註219〕〔清〕永瑢、紀昀等：〈《通志》二百卷〉，《四庫全書總目提要》，卷50，頁118～119。
〔註220〕〔清〕黃以周撰、王文錦點校：《禮書通故》，頁2026～2030。